L E D E R K U N S T

Katalog zur Ausstellung anlässlich des 50jährigen Bestehens des MSC Hamburg e.V.

Gottfried Lorenz
Peter Suelau

Himmelstürmer Verlag

Dr. Gottfried Lorenz

Historiker und Autor mit zahlreichen Veröffentlichungen zur queeren Geschichte wie *„Hamburg auf anderen Wegen“* (zwei Auflagen 2005 und 2006), *„Homosexuellenverfolgung in Hamburg 1919 bis 1969“* (2009), *„Töv, die schiet ik an“* (2013), *„Diskriminieren – Kriminalisieren – Eliminieren: Studien zur Geschichte der Homosexualität in Hamburg vor und nach 1945“* (2016), *„Todesurteile und Hinrichtungen wegen homosexueller Handlungen während der NS-Zeit“* (2018), *„Randgruppen der schwulen Community“* (2022),

Ausstellungsmacher, z. B. *„Homosexuellenverfolgung in Hamburg von 1919 bis 1969“* (2009), *„Liberales Hamburg? Homosexuellenverfolgung durch Polizei und Justiz nach 1945“* (2013, erweiterte Fassung für 2024 im OLG Hamburg vorgesehen), Beratung von und Mitarbeit an unterschiedlichen Projekten, z. B. Zusammenarbeit mit der Stolpersteininitiative Tostedt, an der Bundestagsausstellung zur Homosexuellenverfolgung (Eröffnung am 29. November 2023), im Hinblick auf den sich in konkreter Planung befindenden „Denk-ort sexuelle und geschlechtliche Vielfalt“ in Hamburg.

Peter Suelau

Soziologe und Historiker, Mitbegründer des *Magnus-Hirschfeld-Centrums* und der *Aids-Hilfe Hamburg.* Mitglied bei *Hein & Fiete e. V.* in Hamburg. Seit 40 Jahren verwurzelt in der Leder- und Fetisch-Community. Lange Jahre Mitglied und zeitweise Mitarbeiter im Vorstand des *MSC Hamburg.* Mitglied des *MLC München.* Mitautor des Buches *„Heisse Kerle - Steife Brise“* zum 40. Jubiläum des Hamburger Leder- und Fetisch-Events. Stadtführer zu diversen Themen. Weitere Aktivitäten und Veröffentlichungen.

Impressum

Himmelstürmer Verlag, 31582 Nienburg

www.himmelstuermer.de
E-mail: info@himmelstuermer.de
Originalausgabe, Juni 2024

Gesamtgestaltung:
Olaf Welling, Hamburg. www.olafwelling.de
Bilder auf dem Titel von (von oben links): Juan Carlos Di Pane, Lars Deike, Jürgen Drese, Günter Henzler und Gerhard Pohl

ISBN print: 978-3-98758-131-1
ISBN epub: 978-3-98758-132-8

Inhaltsverzeichnis

4 LEDERKUNST

Günter Hezler (Martin S. Cool): Plakat zur Lederparty 1998

Einleitung

Ist die Bevölkerung eines Staates ein Organismus, in dem Menschen wie die Organe eines menschlichen Körpers zusammenwirken, um lebenswichtige Funktionen zu erfüllen? Oder ist sie nur eine zufällige Ansammlung aller Menschen eines Gemeinwesens? Je größer diese zusammengewürfelte Menge, desto stärker das Bedürfnis, Gruppen zu bilden, die sich durch Gemeinsamkeiten von anderen Mitgliedern der Gesellschaft unterscheiden. Möglicherweise weitgehend anerkannte gesellschaftliche Normen können dabei modifiziert, in Frage gestellt oder bekämpft werden. Neben gesellschaftsimmanenten Subkulturen können Gegenkulturen entstehen, deren Ziel die Zerstörung der bestehenden gesellschaftlichen Ordnung ist: Differenzierung in einer Gesellschaft ist das eine, etwas anderes deren Fragmentierung, die einen Zusammenhalt – so fragil er sein mag – nachdrücklich gefährdet, wobei beide Vorstellungen von Staat und Gesellschaft sich annähern oder gar miteinander verschmelzen können, was in der Konsequenz zu gescheiterten Staaten (failed states) führt.

Eine Gesellschaft absoluter Gleichheit und identischen Denkens aller ihrer Mitglieder ist eine Fiktion, deren Durchsetzungsversuche in der Vergangenheit viele Opfer gekostet haben und heute noch kosten. Ebenso wenig ist die Mitte der 1960er-Jahre in der Bundesrepublik Deutschland propagierte Idee einer formierten Gesellschaft mit einer offenen demokratischen Gesellschaft vereinbar.

Eine natürliche Differenzierung jeder Gesellschaft ergibt sich aus deren demographischen Gegebenheiten wie Alterspyramide oder Geschlecht (biologisch und sozial) der Menschen. Andere Differenzierungen sind zugeteilt, frei gewählt oder willkürlich wie Zugehörigkeit zu einer Klasse, einer Schicht, zu Interessengruppierungen sowie zu ideologischen, nationalen, religiösen, sexuellen und anderweitig interessengeprägten Milieus. Nicht zu vergessen sind alle Subkulturen und (Protest-) Bewegungen, die sich unter Jugendlichen, Unterprivilegierten, Randgruppen, gesellschaftlich Verfemten, strafrechtlich Diskriminierten und Verfolgten entwickelt haben, um sich einerseits von der bürgerlichen Gesellschaft abzuheben und um andererseits für sich Rückzugsräume und Geborgenheit zu schaffen. So manche dieser widerständigen Gruppierungen sind nichts Neues, sie hat es vermutlich schon lange gegeben: eine aufbegehrende Jugend (freilich durch frühzeitiges Einbeziehen in das Berufsleben schnell in konventionelle Schranken verwiesen), gesellschaftliche Außenseiter wie „Fahrendes Volk", Prostituierte, vagabundierende Soldaten nach Kriegen, religiöse Eiferer wie die Flagellanten oder die Wiedertäufer. So manche dieser Gruppierungen haben „Banden" (in der heutigen Terminologie: Gangs) gebildet. Ebenso sind Zugehörigkeitsmerkmale wie Tätowierungen, Ohrringe bei Männern oder bestimmte Kleidungsstücke keine Erfindung des 20. oder 21. Jahrhunderts.

Auch Abweichungen von heterosexuellen Normen als gruppenbildendem Faktor hat es wohl immer gegeben. „Crossdressing," „Genderfluidität" sind nur anglisierte Bezeichnungen für Althergebrachtes, wie die Berliner Ausstellung Queerness in Photography (September 2022 bis Januar 2023) beeindruckend zeigte. Seit es die Fotografie gibt, existieren Fotos dieser Welt, die man oftmals als Halbwelt und damit etwas Anrüchiges bezeichnete.

Auffällig ist, dass viele Zusammenschlüsse und Vereine der Sub- und Protestkultur etwa zehn Jahre nach dem Zweiten Weltkrieg entstanden sind und ihren Ursprung oft in den USA oder in Großbritannien hatten, von wo aus sie nach Westdeutschland übergriffen. Wichtig für ihr Entstehen waren seinerzeit die wirtschaftliche Erholung nach den Kriegsjahren und eine weitgehend kriegslose Situation in Nordamerika und in Europa (während im Orient, in Asien und Afrika Kolonialkriege tobten). In Westdeutschland wuchs inzwischen eine Generation heran, die in einem Land geboren war, das zunehmend durch das sogenannte Wirtschaftswunder geprägt wurde. Diese Jugendlichen mussten nicht mehr in Ruinen hausen, nicht mehr „hamstern" gehen oder auf dem Schwarzmarkt handeln, um das Überleben der Familie zu sichern, sondern hatten außer Schule und/oder Lehre viel Freizeit und zunehmend Geld, um sich zu motorisieren. In dieser Jugend entwickelte sich (vielfach im Gegensatz zur kriegsbedingten Vaterlosigkeit vieler Jugendlicher) eine Machismo-Subkultur: die Halbstarkenbewegung. Sie sah sich im Gegensatz zur Mütter-/Elterngeneration, lehnte deren Ideale und Lebensweise ab, kleidete und frisierte sich individuell-uniform (Nietenhosen, karierte Flanellhemden, Lederjacke und Elvis-Presley-Tolle/Haartolle/Schmalztolle/Quiff), liebte Mopeds und Rock'n'Roll, neigte zu Bandenbildung, dachte aber nicht systemüberwindend – im Gegenteil: man war für alles offen, was aus den USA kam: AFN und BFN contra westdeutsche *Schlagerparade* und Radio Luxemburg.

In der Folge erreichten die meisten Subkulturen und Protestbewegungen, die in den USA oder Großbritannien entstanden, mit nur geringer Zeitverzögerung Westdeutschland, beispielsweise die Rocker-, Skinhead- oder Hippie-Bewegung.

Einen Diskurs über Sexualität gab es in Deutschland unmittelbar während der ersten beiden Jahrzehnte nach dem Zweiten Weltkrieg nur in Ansätzen. Aufklärung fand zumeist hinter vorgehaltener Hand und durch mehr oder weniger Bescheid wissende „Kumpel", Klassenkameraden oder Arbeitskollegen statt, verbunden mit mehr oder weniger stubenreinen Witzen. Die Jugend war zwar nur unzureichend aufgeklärt, aber geil, so dass Adenauers (angeblicher) Satz „Kinder kriegen die Leute immer" bis Ende der 1950er-Jahre ein Axiom war. Dies änderte sich erst mit der zunehmenden Verbreitung der Antibabypille seit Beginn der 1960er Jahre, wobei die in Schulen zu erfolgende Sexualaufklärung in der Bundesrepublik Deutschland erst Ende der 1960er-Jahre mit dem ersten „Erlass zur Sexualaufklärung an Schulen" (1968) und dem Erscheinen des Sexualkundeatlasses (1969) institutionalisiert und im Unterricht obligatorisch wurde – also zu einer Zeit, die in Westdeutschland schon durch die 68er-Bewegung geprägt wurde.

Sexuelle Aufklärung aber ist nicht gleichbedeutend mit Toleranz gegenüber sexueller und geschlechtlicher Vielfalt. Dies gilt namentlich für die „68er" und deren ausgesprochen heteronormativer Prägung. Sie ist Ursache für das Entstehen einer von den 68er-Machos unabhängigen Frauenbewegung und der dritten (west-) deutschen Schwulenbewegung.

Schwule, Lesben sowie Personen, deren primäre Geschlechtsorgane nicht in Einklang mit der empfundenen Identität stehen, hat es vermutlich immer gegeben. Viele von ihnen aber hatten das Gefühl, mit ihrer Andersartigkeit allein auf der Welt zu sein.

In aufgeklärten Zeiten konnte sich trotz strafrechtlicher Verfolgung und gesellschaftlicher Diskriminierung in Großstädten eine eigenständige Subkultur von Menschen, die sich gleichgeschlechtlich betätigten, entwickeln mit Treffpunkten, einschlägigen Lokalen und Zeitschriften. Doch galt immer die Devise „nur nicht auffallen", um in der heteronormativen Gesellschaft nicht anzuecken. Und anecken tat, wer sich in äußerem Erscheinungsbild und Verhalten nicht milieugerecht bürgerlich oder proletarisch verhielt. Darauf achtete auch die zweite deutsche Homosexuellenbewegung. In ihr waren Tunten und Männer in Leder ungeliebte Außenseiter, weil sie der angestrebten Akzeptanz durch die heteronormative Gesellschaft im Wege standen. Damenimitatoren wurden zwar bei Travestieveranstaltungen von Heterosexuellen beklatscht, nicht aber außerhalb der Veranstaltungsräume akzeptiert, wenn sie im Fummel auftraten. Und Personen in Leder auf schweren Motorrädern waren suspekt wegen ihres martialischen Äußeren und gemutmaßter Nähe zum Rockermilieu sowie (speziell in der Bundesrepublik Deutschland) wegen des Verdachtes, rechtsradikal zu sein und die SS zu bewundern.

Die 1969 und 1973 erfolgte Reform des § 175 StGB bedeutete für viele Männer, die sich gleichgeschlechtlich betätigten, das Ende ihrer strafrechtlichen Verfolgung durch den Staat, nicht aber der gesellschaftlichen Diskriminierung: von Toleranz oder gar Akzeptanz homosexueller Menschen in der Gesellschaft konnte keine Rede sein. Doch war es Homosexuellen von nun an möglich, deutlich Flagge zu zeigen, ohne Verurteilung, Freiheits- oder Geldstrafe fürchten zu müssen. Und so differenzierte sich die bis dahin von außen als mehr oder weniger einheitlich empfundene Menge der Homosexuellen zunehmend aus und offenbarte eine Diversität, die nur wenigen geläufig war. Es gab nicht mehr nur die Homosexuellen mit ein paar Exoten am Rande, sondern „Normal"schwule, Lederschwule, Sado-Masochismus-Anhänger, Tunten, kurz: Schwule, die unterschiedlichste „Fetische" liebten und vielfältige sexuelle Vorlieben hatten.

Insbesondere die Lederschwulen traten zunehmend selbstbewusst in festen Gruppen und Vereinen auf. Sie prägte die Dreiheit Leder – Motorrad – Vorbild USA.

„Die Lederszene ist die Subkultur Homosexueller, die BDSM praktizieren und das Material Leder als das fetischistisch verbindende Element ihrer Gruppierungen betrachtet", lautet der Eingangssatz des Wikipedia-Artikels Lederszene. Dieser Satz ist selbst dann problematisch, wenn man dessen Prämisse akzeptiert, wonach Lederszene lediglich eine homosexuelle Subkultur bezeichne. Selbst in diesem Fall ist sie weitaus vielschichtiger, als die Begrenzung der zitierten Definition auf BDSM zum Ausdruck bringt. Und selbst Leder als verbindendes Element kann ergänzt oder sogar ersetzt werden, beispielsweise durch Gummi/Rubber oder Uniform.

Einzig im sexuellen Verhalten unterscheiden sich Heterosexuelle und Homosexuelle fundamental. Deshalb ist es wenig erstaunlich, dass die nach dem Zweiten Weltkrieg in den USA breiter werdende Begeisterung für das Motorrad und den Motorsport sowohl hetero- als auch homosexuelle Menschen teilten und dass die entstehende nordamerikanische Motorradfahrer-Subkultur nach Westeuropa übergriff und dort ebenfalls im hetero- wie auch homosexuellen Milieu Fuß fasste. Voraussetzung war, dass immer mehr Menschen sich ein Motorfahrzeug leisten und unterhalten konnten. Das erst führte zu Darstellungen und Fotos motoradbegeistertet Männer und Frauen. Diese hatte es zuvor gar nicht geben können – anders als die in der Ausstellung *Queerness in Photography* gezeigten zahlreichen Fotos aus den ausgehenden 19. und beginnenden 20. Jahrhundert von Personen, die in ihrem Erscheinungsbild aus ihrer Geschlechterrolle ausgebrochen waren – sei es als Spiel, aus Neigung oder als Ausdruck von Transidentität

Ursprung der europäischen und deutschen Lederszene waren die Motorcycle Clubs (MCs) in den USA. Mit Vorläufern in den 1930er-Jahren, wie dem Gypsy MC von 1932 und dem Mc Cook Outlaws Motorcycle Club von 1935, entstanden sie als Protestkultur demobilisierter Soldaten nach dem Zweiten Weltkrieg. In der Bikerszene suchten sie Zusammenhalt und Fortsetzung der Kameradschaft (Brotherhood) der Kriegsjahre. Der MC wurde zur Ersatzfamilie, das Motorrad zum Symbol von Freiheit. Nach außen zielte das Auftreten dieser Clubs in der Rocker-Version auf „Provokation und Machtdemonstration" gegenüber der sie umgebenden Gesellschaft (Wikipedia-Artikel Rocker).

Die Mitglieder dieser Motorclubs waren vermutlich – völlig unreflektiert und für sie selbstverständlich – weitestgehend heteronormativ geprägt, was nicht ausschloss, dass der eine oder andere Kamerad bi- oder homosexuell war. Wurde dies bekannt (und hatten die schwule Männer die Clubs inzwischen nicht unterwandern können), waren Spott, Zurücksetzung und Diskriminierung die Folge, so dass es nicht erstaunlich ist, dass schwule motorradbegeisterte Ledermänner eigene Gruppen bildeten, in denen sie unter sich sein, ohne sexuelle Diskriminierung ihre Vorstellungen umsetzen und sich von der Rockerszene absetzen konnten. Das M (für Motorcycle/Motorbike/Motorrad) in den Clubnamen hatten bei vielen schwulen Lederclubs eine Alibifunktion, um in der Öffentlichkeit und bei der Eintragung in das Vereinsregister nicht mit der Tür ins Haus fallen zu müssen.. Man stelle sich vor, in Westdeutschland hätte sich unmittelbar nach der zweiten Reform des § 175 StGB im Jahr 1973 ein

Lederclub den Namen SLSC (Schwuler Leder-Sex-Club) statt MSC (Motorsportclub) gegeben! Die Parlamentsentscheide von 1969 und 1973, die den § 175 entschärft hatten, entsprachen nicht den Vorstellungen der großen Mehrheit der Bevölkerung und hatten deshalb nicht zu Toleranz oder Akzeptanz homosexueller Menschen in der westdeutschen Gesellschaft geführt. Und überdies wurden die schwulen Ledermänner im Homosexuellenmilieu nicht weniger scheel angesehen als in der Gesamtgesellschaft.

Die Vorstellung von Brotherhood in den ersten nordamerikanischen Motorclubs ist auch innerhalb der (west-)deutschen Motorclubs – trotz Auseinandersetzung, Streit und Querelen – ein konstituierendes und tragendes Element. Dies wird in einem Beitrag zum vierzigjährigen Jubiläum der Hamburger Ledertreffen deutlich, der von einem Ledermann verfasst wurde, der jegliche Vereinsmeierei kritisch sah: Rainer Jarchow/ Ehlers, der erste Hamburger „Aidspastor", schrieb 2013: „im Laufe der Jahre lernte ich viele [Ledermänner] kennen, die keine familiären Kontakte mehr hatten – sei es, weil sie oder deren Familien auf Distanz gingen, [sei es,] weil die Homosexualität nicht anerkannt und respektiert wurde – und deren soziales Umfeld sich ausschließlich auf Clubmitglieder bezog. Sie wären völlig vereinsamt ohne den Club" (Beran/Braeuer/Sülau, S. 48).

Das oben gezeichnete Bild eines Lederclubs wird von anderen insbesondere aus der Verfolgungszeit und aus den Jahren seit Beginn der Aidskatastrophe bestätig: Schwule Gruppierungen, aber auch Schwulenlokale mit charismatischen Inhabern oder Inhaberinnen konnten zum Familienersatz werden, zu einem „sicheren Raum" innerhalb einer Welt von Anfeindungen und Bedrohungen.

Aber so schön auch das Bild der Familie als Schutzraum und die Fiktion einer heilen Familie sind: Familien können auch Orte von Spannungen, Zerwürfnissen und Streitereien sein, wegen derer man hinter sich die Tür zuknallt und den Kontakt zu den Angehörigen abbricht. Dies gilt selbstverständlich auch für Ersatzfamilien wie Vereine und Lederclubs. Dort führten Meinungsverschiedenheiten oder persönliche Unverträglichkeiten nicht selten zu Austritten, zu Abspaltungen, Neugründungen, neuen Konzepten (siehe auch Beran/Braeuer/Sülau, 14, S. 37).

Für die Mitglieder der ersten Motorcycle-/ Motorbike-Clubs in den USA hatte ihre Lederkluft vermutlich keine sexuelle Konnotation: Sie war für sie nichts anderes als eine praktische und schutzbietende Ausrüstung für die zumeist männlichen Motorradfahrer (übrigens auch für die Piloten der Frühzeit der Luftfahrt). Ursprünglich gehörte beides – Motorrad und Lederzeug – zusammen. Diese aus praktischen Gründen entstandene Symbiose ist in den heutigen schwulen Lederclubs eher selten vorhanden (abgesehen von einzelnen Clubs wie dem um 1977 gegründeten MC Nordlicht, der sie voraussetzt). Vermutlich besitzen nicht allzu viele Mitglieder der MSC-Vereine ein eigenes Motorrad und haben einen Motorradführerschein A 2, da, wie oben erwähnt, das M im Vereinsnamen als Fiktion gedacht war, die den eigentlichen Zweck des Vereins bei der Eintragung ins Vereinsregister verschleiern sollte. Außer Frage steht somit, dass nicht der Motorsport die Mitglieder schwuler Motorradclubs zusammenführt. Was aber dann? Rainer Ehlers schrieb zum vierzigjährigen Jubiläum der Hamburger Ledertreffen: „Der Lederfetischismus führte Menschen zusammen, die oft nichts anderes gemeinsam hatten". Das klingt überzeugend und dürfte des Rätsels Lösung sein. Ist es aber nicht. Denn der Begriff Fetisch ist heute vielschichtig und damit uneindeutig. Ursprünglich war das Wort Fetisch religiös konnotiert und bedeutete die übersteigerte/ übergroße Zuneigung zu unbelebten Gegenständen, wozu Leder ohne darin steckendem Mann zweifellos gehört. Das Fehlen des Fetischs setzt demzufolge einen Leidensdruck voraus. Aus diesem wissenschaftlichen Begriff Fetischismus hat sich inzwischen ein „Szenebegriff für eine Vielzahl sexueller Spielarten" entwickelt, heißt es im Wikipedia-Eintrag. „Ist ein Orgasmus ohne Zuhilfenahme eines Fetischs nicht erreichbar, wird von einem kompletten Fetischismus gesprochen. Andere Formen, bei denen der Fetisch nur der Erregung dient, aber nicht zwingend zur Erfüllung der sexuellen Befriedigung notwendig ist, werden als partiell bezeichnet". Welche Funktionen also hat das Leder für die Mitglieder schwuler Lederclubs? Sind sie auf Lederkleidung/Lederaccessoires angewiesen, um sexuell auf ihre Kosten zu kommen? Finden sie Leder nur geil, ohne dass dessen Vorhandensein oder Fehlen für ihre sexuelle Befriedigung ausschlaggebend ist? Ist die teure, kostbare Ledermontur überhaupt für sexuelle Begegnungen geeignet; dient das Erscheinen eines Mannes als eine Art Lederskulptur nicht eher der Selbstdarstellung und Selbstbefriedigung im Kreis der Kameraden im Club, und signalisiert sie nichts anderes als „ bloß keine Interaktionen; rührt meine Lederkleidung nicht an, befleckt sie nicht?

Möglicherweise handelt es sich bei manchem Ledermann auch um die bloße Freude am Sich-Verkleidung, an dem Versuch, in seiner Freizeit ein anderer zu sein als im Alltag, im Berufsleben, im Familien- und Bekanntenkreis. War beispielsweise das Umkleiden der Ledermänner im Auto, bevor es ins Chaps ging, wirklich nur der Angst geschuldet, als Ledermann im Straßenbild provozierend aufzufallen, oder suchte nicht auch der Spieltrieb im Mann in der Lederkleidung den Kick, für ein paar Stunden ein anderer als sonst zu sein, ein Macho, ein ganzer Kerl, ein Kamerad in einer Gruppe, in der man seine sexuellen Vorstellungen und Obsessionen ausleben konnte, um danach äußerlich wieder die Alltagsgestalt anzunehmen und der „nette Mann von nebenan" zu sein? Sind die CSD-Demonstrationen mit ihren mitgeführten Wagen, den Laufgruppen und den jubelnden Zuschauern und Zuschauerrinnen nicht eine Art Rosenmontagszüge im Sommer mit queerer Themenstellung, worin auch die Leders-, BDSM- und Pup-Szene ihren Platz hat?

Achtet man bei den Veranstaltungshinweisen auf den angegebenen „strikten Dresscode", fällt auf, dass neben Leder schon früh Gummi/Rubber und Uniform genannt werden. Später tritt anderes hinzu, und für die Hamburger Lederparty 2023 lautet er: „Leder, Gummi/Rubber, Uniform, Military, Skin, Fetisch, Pup", wodurch Begriffe wie Ledertreffen oder Lederparty kaum noch dem gesamten Spektrum der Veranstaltung gerecht werden und man deshalb auf Bezeichnungen wie „Fetischtreffen" oder „Fetischparty" ausgewichen ist. ■

Zeichnung von Jürgen Drese

Der MSC Hamburg e. V.

„Vor mehr als zwei Jahrzehnten [Anfang der 1970er-Jahre] sah die Lederszene [...] ganz anders aus. Vor allem gab man sich versteckt. Jemandem wie mir mutet es seltsam an, daß Leder heutzutage als chic gilt [...]. In den sechziger und siebziger Jahren war Leder eine finstere Welt der Virilität, die viele Menschen reizte, die ihnen aber wiederum zu gefährlich erschien, um sich wirklich darauf einzulassen. Damals stellte das Motorrad die ultimative Ikone der Zeit dar. Ich erinnere mich, daß jemand, der das berüchtigte Gold Coast oder eine andere Lederkneipe am Hafen in New York City in einer Lederjacke betrat, ohne jedoch ein Motorrad zu besitzen, als Mogelpackung betrachtet wurde. Für den Eintritt in die Lederwelt galten strenge Regeln, was sie aber nur verlockender machte. [...]

Einer der vielen Reize, der vom Leder ausging, war die Assoziation mit äußerst kraftvoller heterosexueller Männlichkeit, denn der ‚normale' Mann auf seiner Maschine darf als eines des frühesten und stärksten Bilder der Machos gelten. Es wäre jedoch ein Fehler, zu glauben, diese Ikonographie habe sich auf die Bewunderung und Verklärung heterosexueller Männer beschränkt [...]. Darüber hinaus verkörperte die Lederjacke auch den ewigen Rebellen in der US-amerikanischen Gesellschaft. Überall waren die Wände schwuler Wichsphantasien gepflastert mit Filmfotos von James Dean und Marlon Brando mit mürrischem Gesicht und engem T-Shirt unter der allgegenwärtigen Lederjacke.

Diese Männer stellten die erotische Projektion des Outlaws dar; sie waren außerdem ein unbestreitbar sexuelles Symbol für Männlichkeit. Ein Teil der Anziehungskraft des Motorrads lag darin, daß so eine röhrende Riesen-Maschine zwischen den Beinen eines Mannes eine unglaubliche Macht darstellte [...]

Sexuell aktiv zu sein, bedeutete damals eine Menge. Eines der Probleme der Homosexuellen in den sechziger Jahren bestand darin, daß zu dieser Zeit niemand offen seine Sexualität lebte; die sexuelle Revolution hatte gerade erst begonnen. [...] Leder und seine unmißverständliche Konnotation mit männlicher Sexualität [ließ] in den Bereich maskuliner Phantasien [eintauchen]. Dazu brauchte es aber zwei Männer, die sich mit ihrer Identität wohlfühlten und bereit waren, dazu zu stehen. Die Kombination zweier Lederjacken und würzigen Männerfleischs war kein dürftiger Abklatsch von Heterosex, sondern etwas unverwechselbar Männlich-Schwules.

Ledersex versprach eine Vielfalt von Optionen; ein Übergangsritual, einen Beweis unserer Männlichkeit, der durch ein rigoroses Auftreten erkauft wurde, den Weg, eine Intimität miteinander zu teilen, die um so intensiver war, als sie aus dem Erlebnis von Schweiß und Kampf herrührte, die Leidenschaft, die uns in unserem bisherigen Leben versagt geblieben war [...]" (John Preston, Vorwort zu Larry Townsends *Lederhandbuch*, deutsche Ausgabe 1998, S. 9–11: Das Vorwort ist in der Ausgabe zum 25-jährigen Jubiläum des Lederhandbuchs im Jahr 1997, also drei Jahre nach John Prestons Tod im Jahre 1994, erschienen).

„Von der Lederszene nicht zu trennen sind das Motorrad und der Kerl, der es fährt. Die Klamotten, die wir alle so scharf finden, sind in erster Linie für Motorradfahrer gedacht, und die organisierten SM-Gruppen sind oft Motorradclubs. Der sexuelle Reiz eines in Leder gekleideten Fahrers auf seiner dicken röhrenden Maschine ist nicht zu leugnen. Als Inbegriff phallischer Macht ist der Motorradfahrer der Inbegriff, die lebendige Verkörperung unseres Fetischs" (Larry Townsend, Das Lederhandbuch, 1973); deutsche Ausgabe von 1998, S. 173.)

Leder, Leder über alles – und ein Motorrad dazu, war das Motto der seit den 1930er-Jahren in den USA und nach dem Zweiten Weltkrieg in Westeuropa entstehenden Motorsportvereine – Lederkleidung und Motorrad als Symbiose, wie es am schönsten Jürgen Drese im Jahr 1968 auf seinem Bild Motorrocker dargestellte. Doch das Lederhandbuch von Larry Townsend (1930-2008) aus dem Jahr 1973 erwähnt neben der Lederleidung auch andere Materialien wie Levi's, Flanellhemd, Jeansjacke. Und fünfzig Jahre nach dem Erscheinen dieses Buches verlangt der MSC Hamburg e.V. für seine Lederparty zum fünfzigjährigen Bestehen der Hamburger Ledertreffen folgende Kleiderordnung (Dresscode): Leder, Gummi, Uniform, Military, Skin, Fetisch, Pup. Das klingt eher nach dem Motto Wie es euch gefällt (As You like it). Einen strikten Dresscode verlangen nur noch wenige Gruppen, z. B. der Breeches and Leather Uniform Fanclub (BLUF), der expressis verbis ausschließt: Arbeitskleidung, Sport, Gummi, Denim, Skinhead, andere Fetische, Nacktheit, Halbnacktheit, Jockstraps, Chaps, Harness (https://bluf.com/dresscode).

Aus den Lederclubs sind inzwischen weitgehend Fetischclubs, aus den Ledertreffen Fetischtreffen geworden. Eine schwule schwarze Lederphalanx auf schweren Motorrädern ist Geschichte – wenn es sie in Westdeutschland je in absoluter Form gegeben hatte.

Die Ursachen für diese Entwicklung sind vielfältig – nicht zuletzt dürften die hohen Kosten für eine volle Ledermontur und Motorrad eine Rolle gespielt haben. Auch die nachlassende Verfolgung homosexueller Menschen in Nordamerika und in Westeuropa führte einerseits zur Spaltung oder Auflösung bestehender und andererseits zur Gründung neuer Fetisch-Gruppen innerhalb der Community. Nicht zuletzt konnten einschlägige Lokale, Bars und Kneipen nicht allein von sich puristisch verstehenden schwulen oder lesbischen Gruppierungen existieren und mussten sich für neue Tendenzen öffnen, um überleben zu können. So spielte das Front in der Hamburger Lederszene eine wichtige Rolle, war aber alles andere als ein Lederclub/Lederlokal. Und in der einst berühmten Lederbar Tom's wurde der strikte Dresscode nach einigen Zwischenschritten im Jahr 2005 aufgehoben. In seinem Interview mit dem Hamburger Magazin Schwulissimo vom 14. Juni 2019 sagte David Schneider als Inhaber des Toms: „Heutzutage kann man nicht mehr von einer Lederbar sprechen. Ich habe nach Übernahme das Konzept ganz bewusst geändert und aus einer Lederbar [...] einen Club erschaffen, in dem sich Männer von jung bis alt zum Feiern und Tanzen ebenso treffen können wie für ein Feierabendgetränk am Tresen, eine aufregende Nacht an der Bar und manchmal eben auch noch mehr... Und dabei ist es heute vollkommen egal, ob sie Fetisch, Flanellhemd, kurze Hose oder Parfüm tragen und anderswo als Hipster durchgehen würde [...]“.

Am 30. September 1974, einem Montag, beschlossen sieben Männer die Gründung des MSC Hamburg. Darüber gibt es eine Urkunde mit sieben Namen (u. a. Gerhard Pohl und Günter Henzler) und versehen mit dem Logo/Signet MSC über dem stilisierten Hamburger Wappen, das hier freilich einem Dreizack oder einem Anker ähnelt, in einem Kreis. Stattgefunden hat die Gründung des MSC vermutlich/möglicherweise in einem Altonaer Restaurant. Ob die Gründung des MSC Hamburg längerfristig geplant und somit der Anlass des Treffens der sieben Männer am 30. September 1974 war oder ob sie eher spontan erfolgte, lässt sich nicht sagen. Wie es sich damit auch verhält – die Gründung eines Hamburger Lederclubs lag nach dem ersten erfolgreichen Hamburger Ledertreffen im Sommer des Vorjahres und nachdem kurioserweise der noch nicht gegründete MSC als Veranstalter des zweiten Ledertreffens im Sommer 1974 firmiert hatte, gleichsam in der Luft und reiht sich ein in vergleichbare Gründungen homosexueller Motorsportclubs (MSC's) in Europa, z. B. 1958 in Berlin und Amsterdam, 1965 in London (Sixty Nine Club), 1968 der MSC Köln, 1970 MS Amsterdam und MSC Rhein-Main, 1973 Loge 70 in Zürich und MSC London, 1974 MSC Berlin, MSC Panther Köln, Münchner Leder Club, 1976 in Stuttgart.

Gegründet worden war der MSC Hamburg zunächst als Interessengruppierung schwuler Hamburger Ledermänner. Die Eintragung im Vereinsregister geschah erst sechs Jahre später am 14. Juli 1980 (Amtsgericht Hamburg Abteilung 69: Gesch. Nr. 69 VR AR 91/80 betr. 9351). Vorausgegangen waren am 6. Februar 1980 der Beschluss des Vorstandes (Günter Fischer, Günter Glöckner, Bertram Rappe, Klaus E. Kichle, Friedrich Franz von Pressentin, Johannes Schlinkert und Friedrich Karl Wagner) über eine neue Satzung und deren Verabschiedung durch die Gründungsmitglieder des MSC am 7. Juni 1980 in der Eimbüttler Tornquiststraße 58. Laut Protokoll der Mitgliederversammlung am 13. März 1983 erfolgte drei Jahre später eine Satzungsänderung. Die Satzung legte als Namen Motor Sport Club Hamburg, kurz MSC Hamburg und als seinen Sitz Hamburg fest (§ 1, Abs. 1 und 2). § 2 führt zum Thema „Zweck des Vereins" in vier Absätzen aus: „1) Der Verein verfolgt ausschließlich und unmittelbar gemeinnützige Zwecke im Sinne der AO [Abgabenordnung] von 1977. 2) Er verfolgt keine wirtschaftlichen Zwecke, ist unabhängig von Bindung und Zielsetzung parteipolitischer, konfessioneller, rassischer oder wirtschaftlicher Art. 3) Der Verein bezweckt die Pflege und Förderung des Motorsports und im Zusammenhang damit Durchführung und Überwachung motorsportlicher Veranstaltungen aller Art nach den nationalen und internationalen Sportgesetzen. 4) Der Verein kann auch Eirichtungen betreiben".

Die Benennung als Motorsportclub diente der Camouflage. In Zeiten der Verfolgung und Diskriminierung von Homosexuellen wollte man die heteronormative Umgebung nicht schon vom Namen her über die Mitglieder des Clubs aufklären. Die Eintragung ins Vereinsregister erfolgte erst später: so 1978 in Berlin. 1979 in München und, wie oben ausgeführt, 1980 in Hamburg. Nach außen hin hatte man überdies an nordamerikanische Vorbilder – die MC's (Motorcycle Clubs) – anknüpfen können, die nicht sexuell konnotiert waren wie Gypsy MC von 1932 oder Mc Cook Outlaws MC von 1935. In den 1950er-Jahren waren dann in den USA die ersten schwulen Motorrad-Clubs entstanden, z. B. 1954 in Los Angeles der Satyr MC.

Burkhard Knopkes Feststellung, dass die Ledermänner die ersten gewesen seien, denen es in der Folge gelungen sei, „ein schwules Netzwerk aufzubauen", ist nicht von der Hand zu weisen.

Von den Motorsport Clubs/Motorcycle Clubs zu unterscheiden sind die (kommerziellen) Lederbars/Lederlokale. Als weltweit erste schwule Lederkneipe/-bar gilt das *Argos* in Amsterdam (1957 eröffnet, 2015 geschlossen). 1958 folgt *The Gold Coast* in Chicago, 1961 das Platzjabbeck in Köln, 1967 die *Loreley*-Bar in Hamburg.

Die Motorsport-Club-Lederszene mit ihrem Ursprung in den USA griff von dort auf England und schließlich auf das westliche Kontinental-Europa über. Soldaten der amerikanischen und britischen Streitkräfte, die in der Bundesrepublik Deutschland stationiert waren, gründeten in den 1960er- und frühen 1970er- Jahren Motorcycle Clubs (z. B. 1973 den Devil's Duck MC in Aachen), die der heteronormativen Struktur der Streitkräfte entsprochen haben dürfte, was die Mitgliedschaft homosexueller Soldaten, deren sexuelle Identität unbekannt war, nicht ausschloss. Ob und gegebenenfalls wie Verbindungen zwischen den Motorcycle Clubs der in Westdeutschland stationierten Streitkräfte zu deutschen Motorsportfreunden bestand, müssen weiterführende Forschungen klären.

Festzuhalten ist die rasche internationale Verflechtung (nach heutigem Sprachgebrauch: Vernetzung) der Motorsportclubs unter Einbeziehung der in Westdeutschland bestehenden MSC's – und dies zu einer Zeit, in der europaweit erhebliche Ressentiments gegen Deutsche bestanden: Am 14. Januar 1974 lud der Sixty Nine Club die europäischen Lederclubs nach London ein, wo am 19. Januar 1974 der ECMC (European Confederation of Motorcycle Clubs) erfolgte, auf dessen erster Vollversammlung in Amsterdam der gerade erst gegründete MSC Hamburg aufgenommen wurde. 1975 folgte ein Freundschaftsbesuch des MSC Hamburg in London. Gute Kontakte zwischen dem SLM København und dem MSC Hamburg führten zu zwei gemeinsamen Ledertreffen: 1977 in Hamburg und 1978 in Kopenhagen. Die Lederclubs der deutschsprachigen Länder gründeten 1979 mit der SKVdC (Ständige Konferenz der Vertreter deutschsprachiger Clubs) eine Dachorganisation. 1985 fand Europe's Leatherparty number one in Hamburg statt, und im selben Jahr wird in Stockholm zum ersten Mal ein Mr. Leather Europe gewählt.

Über dreißig Jahre wurden die vom *MSC Hamburg* durchgeführten Ledertreffen immer beliebter und erfolgreicher – insbesondere diejenigen im Bauernhaus im Volkspark, in der Fabrik und vor allem auf der *Cap San Diego* (einem als Museumsschiff umgebauten Frachter), die an den Landungsbrücken lag. Die Atmosphäre an Bord dieses Schiffs wurde von Ledermännern weltweit gerühmt, so dass die Zahl deutscher und internationaler Teilnehmer am Hamburger Ledertreffen stetig zunahm. Der *MSC Hamburg* organisierte diese Treffen ehrenamtlich und in Absprache mit denjenigen Lokalen der Hamburger Szene, in denen weitere Veranstaltungen im Rahmen der Ledertreffen stattfanden. Die Lange Reihe in St. Georg war währen der Treffen zeitweise schwarz von Männern in Ledermontur. Anfangs waren Gastauftritte von Unterhaltungskünstlern, die bei Schwulen beliebt waren (wie Marlene Jaschke oder Evelyn Künnecke) üblich. Außerdem fanden bis in die 1990er-Jahre während der Ledertreffen die Wahlen zum Mister Leather statt. Diese Tradition wurde 2012 wieder aufgenommen; und seit 2017 finden zusätzlich Wahlen zum Mr. Fetisch statt.

Einen Höhepunkt in der Hamburger Vereinsgeschichte stellt 1987 die Wahl von Thomas Karasch als International Mr. Leather dar. Zum ersten Mal in der Geschichte dieser seit 1979 in Chicago stattfindenden Wahlen wurde einem Mann von außerhalb der USA dieser Titel zuteil. Wenige Jahre nach seinem Erfolg in Chicago stirbt Karasch im Dezember 1994 als eines der vielen Opfer der Aidskatastrophe in der Leder- und S/M-Szene. Aus dem Hamburger Motorsportclub waren ihm 1986 als einem der ersten Aidstoten der Freien und Hansestadt Hamburg Günter Müller und 1991 der Gründer des MSC Hamburg, Gerhard Pohl, vorausgegangen. Folgt man Heino Berans Bericht (S. 9 f.), reagierte der Hamburger MSC auf AIDS zunächst alles andere als verantwortungsbewusst. Nachdem Heino 1982 bei einem Aufenthalt in San Francisco die Auswirkungen der neuen Krankheit gesehen und darüber bei einer Mitgliederversammlung des MSC berichtet hatte, begegnete er „nur ungläubige[m] Kopfschütteln und entschiedene[m]: WIR stellen uns doch nicht auf den Rathausplatz – und übrigens muss ja jeder selbst wissen, was er macht – und dann ist er eben selbst schuld dran – und schließlich darf man gar nicht so viel über Sexuelles sprechen, das nimmt doch allem den Reiz! Drei Jahre später waren dann auch hier die ersten unter uns betroffen […]. 1987 kam mit Act Up die Empörung über die Untätigkeit/Unterfinanzierung von Forschung und Regierungsprojekten zum Ausdruck und breitete sich rasch über die Welt aus". Schließlich blieb den westeuropäischen Lederclubs nichts anderes übrig, als ihrerseits präventiv tätig zu werden und mit den jeweils lokalen Community-Gruppierungen und – Institutionen zur AIDS-Prävention zusammenzuarbeiten, in Hamburg beispielsweise mit Hein&Fiete. Beginnend mit dem MS Panther Köln, werden seit 1988 in allen MSCs der Bundesrepublik Deutschland Aidsbeauftragte/Sozialbeauftragte für die Aufklärungs- und Präventionsarbeit eingesetzt. 1990 erscheint in Bern die Broschüre *Safer Sex für Ledermänner*, herausgegeben von der Zürcher *Loge 70* und verfasst von Beat Rüedi und Herbert Riedener, die 1992 bzw. 1994 AIDS erlagen. Die erwähnte Broschüre erlebte noch 1990 die zweite, 1992 die dritte und 1996 eine überarbeitete und erweiterte vierte Auflage.

Über unterschiedliche Positionen in der Lederszene um den einzuschlagenden Weg angesichts der Aidskatastrophe informiert Thomas Karaschs Text Gedanken zur Lederszene aus dem Jahr 1988. Darin heißt es: „Die Schwulen haben in den liberaleren siebziger Jahren eine kommerzielle Subkultur geschaffen, die ihnen in einem begrenzten Raum die Möglichkeit gab, ihren sexuellen Bedürfnissen freien Lauf zu lassen. Das ist ihre einzige Leistung. Mehr haben sie nicht zustande gebracht. Eine gesellschaftliche oder politische Akzeptanz hat daher auch nicht stattgefunden. Nun – vor allem verursacht durch AIDS – sind die Schwulen dabei, ihre Freiräume wieder aufzugeben. Hier sind die Lederleute mit einem großen Schuldkomplex im Rücken die Vorreiter. Sie waren es ja auch, die so viel gereist sind und aus dem Mekka des Ledersex, aus San Francisco und New York, den Virus nach Europa transportiert haben. Sie haben die Dunkelräume erfunden, gehen so oft in Parks und organisieren Ledertreffen mit sexuellen Ausschweifungen [...]. Der Schuldkomplex an der Verbreitung von AIDS sitzt [...] bei den Lederleuten tief [...]. Viele Lederleute ziehen sich [diesen] Stiefel auch noch bereitwillig an und unterscheiden sich in ihren hysterischen Reaktionen auf einmal nur noch graduell von den Gauweilers.

Selbst vielen Schwulen scheint noch immer nicht klar zu sein, dass man sich gegen AIDS zurzeit nur durch Prävention schützen kann – bei der es völlig egal ist, wo und wann man Sex macht, solange man ihn SAFE macht. SM, richtig praktiziert, kann dabei „Safestsex" sein [...] . Die Dominanz findet ihren Ausdruck nicht mehr im Ficken, sondern in vielfältigen anderen Formen, die über Befehlen und Erniedrigung des anderen bis hin zur völligen Selbstaufgabe und Übergabe der Persönlichkeit des Masochisten und an den ‚Meister' reicht. All dies kann im Rahmen von Safer Sex passieren [...]. Die Lederclubs scheinen heute von Leuten dominiert zu werden, die nichts mit SM zu tun haben wollen und von SM auch nicht mehr viel zu wissen scheinen. Sie fordern, dass es keine Treffen mehr geben soll und die Darkrooms geschlossen werden sollen. Dies ist natürlich hirnrissig. Jeder Versuch, durch Einschränkung der Orte, an denen Sexkontakte stattfinden, die Ansteckungsgefahr zu mindern, ist sinnlos. Das einzige, was hierdurch erreicht wird, ist die Verlagerung der sexuellen Aktivitäten auf andere Orte, aber keine Änderung der sexuellen Praktiken [...]. Was wir brauchen, sind [...] nicht weniger Treffen, sondern mehr. Hier findet dann der gewünschte Austausch statt [...]. Nur durch eine gezielte Öffentlichkeitsarbeit, die genau an den Sextreffpunkten ansetzt, lässt sich Prävention gegen die Verbreitung des Virus erreichen [...]. Eine frühzeitige Aufklärung in den Bars und die Erkenntnis, dass es egal ist, wo man Safer Sex betreibt, hat [in Amsterdam] die Schließung von Kontakträumen verhindert. Gerade hierüber scheinen sich aber deutsche Clubs aufzuregen. Als Hüter der Moral meinen sie, darauf Einfluss nehmen zu müssen, daß diese Örtlichkeiten geschlossen werden". Karasch polemisiert gegen sie MSCs, namentlich diejenigen in Berlin, Hamburg und in den Niederlanden, die Schließung und Verbote von Dunkelräumen fordern. „Ähnlich wie in Berlin ist es in Hamburg. Dort treffen sich Leute, die ihren Mitgliedern und Gästen Räumlichkeiten zur Verfügung stellen, in denen sie ihren Sex ausleben können. Dies scheint einigen Leuten, vor allem Mitgliedern des MSC's, ein Dorn im Auge zu sein. In San Francisco äußert sich dieselbe Doppelmoral auf Sex bezogen wie in Deutschland. In den Kneipen wird jegliche sexuelle Aktivität unterbunden. Der Sex findet nun,100 m weiter, auf dem nächsten Parkplatz statt. Etwas anderes können wir aber von San Francisco lernen: Wohl jeder kennt dort Opfer von AIDS, und das Verhalten ist auf Safer Sex ausgerichtet. Die Schwulen haben sich dort organisiert und sind öffentlich geworden. Es wurde klar, dass es kein Zurück in die Isolation geben darf, und man versucht, mit der Krankheit zu leben und neue Umgangsformen zu schaffen. Lederleute sind dabei eine der aktivsten schwulen Gruppen und auch politisch akzeptiert".

In Hamburg kam es zu einem gedeihlichen Miteinander zwischen der Leder- und S/M-Szene und der AIDS-Hilfe sowie der AIDS-Seelsorge, die von 1994 bis 2004 in den Händen von Rainer Jarchow (* 1941, seit 2011: Ehlers) lag. Dieser war 1986 vom Gesundheitsamt Köln als Berater für Menschen mit HIV und AIDS eingestellt worden, 1987 Initiator und Mitgründer der Deutschen AIDS-Stiftung und somit ausgewiesener Experte im Kampf gegen AIDS (Wikipedia-Artikel) – und er ist Ledermann und hatte somit guten Zugang zu der von der Aidskatastrophe besonders betroffene Szene. Für diesen Personenkreis richtete Jarchow im Rahmen der AIDS-Seelsorge 1995 den Stammtisch Leder Positiv ein, nachdem er gehört hatte, „dass es für infizierte Ledermänner […] keinen Ort gäbe – man träfe sich verschämt und relativ unbeachtet im schwulen Info-Laden Hein&Fiete“ (s. u. S. 49). Diesen Stammtisch, der einst von vielen Männern besucht worden war, gibt es in recht überschaubarem Umfang noch heute. Zu den unterschiedlichen Stammtischorten gehörte von 1995 bis 2000 das Mezzo (heute Leon) an der Ecke Koppel/St. Georgs Kirchhof gegenüber dem Nebenausgang der Dreieinigkeitskirche in St. Georg, in der die Gottesdienste der AIDS-Seelsorge jeweils am letzten Sonntag eines Monats stattfinden. Heute trifft man sich montags als Georgs Stammtisch („offen für schwule Männer“) in der Extratour an der Zimmerpforte in St. Georg.

In einem Rückblick unter dem Titel Ledertreffen und AIDS im Jahr 2013 (Beran/Braeuer/Sülau S. 48 f.) hebt Ehlers die Solidarität unter den Lederclub-Mitgliedern mit den von HIV und AIDS betroffenen Kameraden hervor. Auf diese Solidarität hätten andere neidisch geschaut. Es sei selbstverständlich gewesen, „dass erkrankte Kameraden und Freunde zu Hause oder im Krankenhaus besucht wurden – und es war auch selbstverständlich, dass man sich auf Beerdigungen traf. Das führte zu einer noch engeren und persönlicheren Verzahnung der Lederleute – und zu einer Aufwertung der Lederclubs“, was dazu geführt habe, „dass Lederleute in der schwulen Bewegung an Akzeptanz gewannen: Gab es noch Anfang der [19]80er Jahre eine Zeit, wo man sich quasi entschuldigen musste, wenn man in einer Lederjacke zu einem schwulenpolitischen Treffen ging […], so wurde jetzt mit Respekt wahrgenommen, wie sehr man sich um Infizierte und Erkrankte kümmerte […]. Und auch im Präventionsbereich war die Lederszene von Anfang an am einfachsten zu erreichen: Die persönliche Betroffenheit war groß […], weil es nun einmal so ist: Je näher die Krankheit an dich selber rückt, um so offener und sensibler wirst du. Auch für die Infektionswege und für die Verhütung […]. So waren z. B. in keiner anderen Szene Kondome so schnell verbreitet – und gab es sehr schnell keine Lederlokale und -treffen mehr, auf denen nicht kostenlos und überall zugänglich Kondome zur Verfügung standen und dann sehr schnell auch Einmalhandschuhe und Gleitcreme“. Inwieweit dies alles auch benutz wurde, ist eine offene Frage, doch ist Ehlers davon überzeugt, dass „Safer Sex zum Standard“ geworden sei.

Es kann nicht genug betont werden, dass der MSC Hamburg nicht identisch mit der sehr viel größeren Hamburger Leder- und S/M-Szene ist. Im Juni 1990 hatte der Hamburger MSC 16 Mitglieder, einen Monat später siebzehn. 1998 waren es zweiundzwanzig (Uwe Langer bei Beran/Braeuer/Sülau S. 50-53). Kurz nach der Jahrtausendwende erreichte der Verein einen Höchststand mit 45 Mitgliedern; derzeit liegt die Mitgliederzahl bei 50 bis 70 Personen (Auskunft Peter Sülau).

Die geringe Mitgliederzahl in den ersten 25 Jahren, geschuldet einer rigorosen Aufnahmepraxis (vgl. HHaaW S. 206 f.), haben vermutlich zu folgender Behauptung geführt The MSC Hamburg was created to organize an annual leather party (Mesli, A brief history of the MSC Hamburg), d. h., der MSC Hamburg sei nichts anderes als ein Lobbyverein für diese Treffen gewesen. Mögen andere MSCs ein Vereinsleben geführt haben, der MSC Hamburg organisierte das nächste Ledertreffen… Wie viel Ironie, wie viel Wahrheit in dieser Bemerkung steckt, sei dahingestellt. Aber für einen gewissen Wahrheitsgehalt spricht Uwe Langers Darstellung die 90er Jahre … auf einmal brummt es (s. o.), in der es heißt (S. 52): „Die MSC-Mitglieder kannte ich zunächst kaum, Clubabende gab es reichlich, sie waren aber nicht immer gut besucht. Wir haben sogar versucht, mittwochs einen Billardabend im Chaps zu etablieren, wir waren da immer nur zu dritt. Es gab weiter zwei Clubabende an Wochenenden, doch alle 17 kamen nie zusammen […]. Ein Highlight am Jahresende war stets das Weihnachtsessen. Hier wurden immer alle Clubmitglieder und Helfer beim Ledertreffen eingeladen. Wir waren so vollständig wie möglich". Nach Durchsicht der von Heino Beran gesammelten und zusammengestellten Unterlagen, die im Schwulen*Museum Berlin aufbewahrt werden, erhält man zunächst einen völlig anderen Eindruck: dort ist von jährlichen Kohl- und Pinkel-Touren nach und von Freimarkttreffen in Bremen die Rede, von Clubbesuchen in Amsterdam, im Ahrtal, in Berlin, Brüssel Frankfurt am Main, Hannover, Köln, Kopenhagen, Lensterhof, London, Nürnberg, Saarbrücken, Stuttgart und Würzburg. Clubreisen fanden statt nach Kühlungsborn (24. bis 26. September 1993), nach Köln zur Frühjahrskonferenz der SKVdC (11.–13. März 1994), nach Oslo (21.–23. April 1995), Mallorca (12.–21. April 1996), New York (14.–24. März 1997), San Francisco (24. April bis 4. Mai 1998), Gran Canaria (14.–21.3. 1999), Sitges mit Barcelona (20. Mai bis 3. Juni 2000), Sydney mit Teilnahme beim dortigen Mardi Gras sowie Bangkok, Tasmanien, Melbourne und Brisbane (26. Februar bis 31. März 2001), Amsterdam mit Alkmaar (17.–25. 2. 2002), Phuket (8.-22.3.2003), Madrid (im Oktober 2004) und im Oktober 2005 nach Mexico. Entgegen Behauptungen Außenstehender wurden diese Reisen nicht vom MSC bezahlt. Es gab lediglich sozial gestaffelte Zuschüsse für bedürftige Clubmitglieder. Voraussetzung war immer die aktive Mitarbeit vor, während und nach den Ledertreffen.

Das alles macht den Eindruck eines regen Clublebens, das tatsächlich in den 1990er- und 2000- Jahren vorhanden war. Davor gab es auch erhebliche Probleme, wie das folgende Schreiben des Clubpräsidenten Dirk S. vom 30. Mai 1983 zeigt, in dem es heißt: „Liebe Freunde, wenn ich mich heute an Euch wende, hat dies einen gewichtigen Grund. Als von Euch gewählter Präsident des *MSC Hamburg e. V.* bin ich unheimlich enttäuscht. Enttäuscht von den Mitgliedern, die m[eines] W[issens] alle freiwillig und aus eigenem Interesse in diesem Club sind. Die letzten Veranstaltungen (Theater, Ratzeburg, Wanderung e. t. c.) waren so schlecht besucht, daß in absehbarer Zukunft ähnliche Veranstaltungen nicht mehr durchgeführt werden. Ich weiß wirklich nicht, was wir noch machen sollen! Wie wäre es mit Vorschlägen, und wenn wir das ganze Programm umstellen. Es kann doch nicht sein, dass außer Vorstand und zwei, drei Mitgliedern niemand Interesse an Veranstaltungen hat. Also meine Bitte, rafft Euch auf, denn schon Mitte Juni stehen wir alle im Wort!!!!

Wir haben auf der Jahreshauptversammlung beschlossen, daß wir auch in diesem Jahr ein Treffen mit den Hannoveranern und Stuttgartern machen! Dieses Treffen findet Mitte Juni in Hannover statt. Termine habt Ihr alle schon! Für die Vergeßlichen noch einmal: 17.–20. Juni Treffen Hamburg Stuttgart Hannover! Bis jetzt, und das laßt Euch auf der Zunge zergehen, haben sich aus Hamburg 3, in Worten drei, Mitglieder angemeldet (davon sind zwei Vorstandsmitglieder). Ich würde sagen, etwas peinlich!

Bitte ruft mich an, Tel. [...] und meldet Euch an! Anmeldung bitte umgehend, umgehend, umgehend ... Wir werden mit dem PKW fahren und sicherlich einen Benzinzuschuß aus der Clubkasse geben! Bitte, steht zu Eurem WORT!

Beiliegend erhaltet Ihr die neuste Ausgabe des *Stiefel*[s]! Und für die nächste Ausgabe können wir noch Beiträge gebrauchen!

In der Hoffnung, daß dieser Appell nicht vergeblich ist, bleibe ich mit herzlichen Grüßen Dirk".

Und das einst aktive Clubmitglied Theodor C. tritt am 19. Mai 1986 mit folgender Begründung aus dem MSC Hamburg e. V. aus: „Liebe Club-Kameraden! Nach langem Überlegen bin ich zur folgenden Überzeugung gekommen: ‚Der MSC Hamburg bietet anderen Clubs viel, aber seinen eigenen Mitgliedern wenig'. Erstaunt über diese Aussage??? Dann denkt doch bitte mal darüber nach, was die Klammer ist, die Euch (denn ich bin ab jetzt nicht mehr dabei) zusammenhält. Ist es wirklich nur das Ledertreffen??? Die Mitgliederversammlungen können es ja wohl nicht sein. Dafür könnte man ebenso gut in einen anderen Verein gehen. Denkt einmal darüber nach. Aber nicht nur auf einer Mitglieder-Versammlung unter Punkt 1), Punkt 2), Punkt 3) oder gar unter „Sonstiges". Dieses Thema sollte schon einziger Punkt einer Versammlung sein. Aber ich will

Euch keine Vorschriften machen. Ich habe mir diese Frage gestellt. Die Antwort ist mein Austritt aus dem MSC-Hamburg. Dass mir Ledertreffen in dieser Größenordnung nicht besonders gefallen, daraus habe ich nie ein Geheimnis gemacht. Ich habe im Club mehr gemeinsame Aktivitäten erwartet und vor allem mehr Interesse am Clubleben von allen Clubmitgliedern. Ich sehe im MSC-Hamburg eigentlich nur noch einen Verein zur Durchführung eines jährlichen Ledertreffens. Das ist schade. Dass sich daran etwas ändern könnte, sehe ich aber auch nicht. Alle Aufrufe zu mehr Beteiligung am Club-„LEBEN“ haben bisher kaum gefruchtet.

Dass ich mich nun schon seit längerem aus der Szene zurückgezogen habe, ist Ausdruck meiner Enttäuschung sowohl über die Szene als auch über den Club. […]“. (C. legte noch in einem weiteren, allerdings undatierten Schreiben seine Gründe für den Austritt aus dem MSC Hamburg e. V. dar. Im oben mitgeteilten Brief sind die zahlreichen Tippfehler korrigiert worden.)

Und so sind es wohl in der Tat die jährlichen Ledertreffen, ihre Organisation, Durchführung und Nachbereitung gewesen, die die Mitglieder des *MSC Hamburg* und seit 2004 den vom *MSC Hamburg e. V.* aus am 8. Mai 2004 gegründeten *SPIKE Hamburg e. V.* am meisten beschäftigten – dies allerdings mit durchschlagendem Erfolg mit den Veranstaltungen im *Bauernhaus* (1975 bis 1989), in der *Fabrik* und insbesondere auf der *Cap San Diego* (1989/bzw. 1990 bis 2005) – damals hatten die Hamburger Ledertreffen, um mit einem Lieblingsbegriff der DDR-Propaganda zu sprechen, uneingeschränkt Weltniveau, bis schließlich der Wegfall der Hauptparty des Ledertreffens auf der *Cap San Diego* und die Konkurrenz der Folsom-Veranstaltung in Berlin die Hamburger Ledertreffen auf die Plätze verwies. Der *Hamburger MSC e. V.* wurde für seine Verdienste im April 2017 als erster europäischer Club in die *Leather Hall of Fame* aufgenommen. Vergeben wird diese Auszeichnung „von der Nonprofitorganisation *CLAW* bei der gleichnamigen Veranstaltung in Cleveland, Ohio/USA […]. Grund für die Auszeichnung ist das langjährige Wirken des *MSC Hamburg e. V.* Der Verein organisiert das älteste Ledertreffen der Welt, auch älter als IML in Chicago. Der Verein unterstützte Tom of Finland beim Start seiner Karriere. Die Grafiken von Martin S. Cool, die ursprünglich nur für die Werbung zu diesen Treffen erstellt wurden, sind inzwischen weltberühmt und haben den Stil von Tom of Finland weiterentwickelt. Thomas Karasch vom *MSC Hamburg* wurde erster *International Mr. Leather* aus Deutschland. Die Partys auf der *Cap San Diego* in den 1990er-Jahren sind legendär. Trotz schlechter Zeiten Anfang der 2000er ist der *MSC Hamburg* heute wieder aktiv. Die nächste Leatherparty kommt bestimmt…“ (*Fetisch-Report*, Ausgabe 4/2017).

Das Ledertreffen 1977 hatte über die übliche Berichterstattung hinaus mediale Aufmerksamkeit erregt durch seine Darstellung in Eppendorfers Buch *Der Ledermann spricht mit Hubert Fichte* (siehe dazu den Essay Seite 89). Dieser Mischung aus Fiktion, Halb- und allgemeinplatzähnlichen Ganzwahrheiten entgegnete Günter Henzler mit Bezug auf Berichte, wonach bei einem S/M-Spiel ein Mann, der an einem Baum festgebunden worden war, erst am folgenden Tag von seinen Qualen erlöst worden sei, treuherzig: „Wenn wir schon jemanden an den Baum binden, stehen wir doch nur dahinter und onanieren ein bißchen“. Und Henzler fügte hinzu: Die Leute haben eine ganz falsche Vorstellung von uns“ (*HHaaW*, S. 212). Diplomatischer hätte man die Realität nicht verschleiern können.

Über die Geschichte der Hamburger Ledertreffen/Lederpartys informiert ausführlich die 83 Seiten (DIN-A 4-Format) umfassende Festschrift zum vierzigjährigen Bestehen der Ledertreffen im Jahre 2013 unter dem Titel *Heisse Kerle – Steife Brise: Das Buch zu 40 Jahren Hamburger Ledertreffen mit Lach- und Sachgeschichten und jeder Menge Schweinereien*. Herausgeber und Verfasser vieler Artikel waren Heino Beran (+), Klaus Braeuer und Peter Sülau (vgl. auch *HHaaW*, S. 206 f.). Präzise Einsatzpläne für diese Treffen sind im Nachlass Beran im Schwulen*Museum Berlin vorhanden. Sie gelten beispielsweise für Kasse, Eingang, Ausgang, Getränke, Ordner, Garderobe, Dunkelraum, Imbiss, Show, Komparsen, Film und Video, Arzt, Musik, Flaschensammeln, Künstlerbetreuung, Reserve und decken die Zeit von 21.00 Uhr bis 03.00 Uhr am folgenden Morgen ab. Danach bis 05.00 Uhr: „Abbau und Reinigung: alle Mitglieder" (Näheres zur arg problematischen Reinigung im oben genannten Buch *Heisse Kerle – Steife Brise*, S. 75).

Wie mehrfach betont, war die schwule Leder- und S/M-Szene während der 1960er- und 1970er-Jahre ein wenig akzeptierter Teil der schwulen „Community". Thomas Karasch hat das folgendermaßen exemplarisch formuliert: „Minderheiten schaffen sich ihre eigenen Minderheiten, die sie unterdrücken oder auf die sie zumindest herabsehen können. Die ‚Normalen' Schwulen schauen auf die ‚Politik'-Schwulen herab, diese auf die Lederleute, die Lederleute auf die Tunten und alle gemeinsam auf die Stricher" (*Hamburg von hinten* 1988/89, wieder abgedruckt Beran/Braeuer/Sülau, S. 44-46). In einer solchen Situation waren die Hauptziele des MSC Hamburg „die kameradschaftliche Gemeinsamkeit und der Kontaktaufbau zu gleichgesinnten Leder- und S/M-Schwulen" sowie „die Stärkung des Zusammengehörigkeitsgefühls" (*HHaaW*, S. 206 f.). Doch feite diese hehre Zielsetzung den *MSC Hamburg e. V.* nicht vor erheblichen Auseinandersetzungen. Heino Beran und Peter Sülau schrieben im Buch zum vierzigjährigen Jubiläum der Hamburger Ledertreffen (S. 37): „In jedem Verein gibt es Mitglieder, die sich besser kennen, besser ‚miteinander können', sich eher ergänzen. Und in jeder Organisation bildet sich eine wie auch immer geartete Hierarchie heraus. Dies war beim ‚*MSC Hamburg e. V.*' nicht anders. Und so sind Diskussionen, Meinungsverschiedenheiten, ja auch Zickigkeiten […] und Streitereien nicht ausgeblieben […]. Es gab Austritte, Abspaltungen, Neugründungen, Versuche von Alternativen. Mit der zunehmenden Buntheit der Fetischszene ergab sich eine neue Vielfalt auch im Clubleben und bei den Veranstaltungen […]". Und ein gestandener Fahrensmann der Lederszene, der Münchner Manfred Stavenhagen, genannt Lohengrin, sagte 2013 in einem Interview mit Klaus Braeuer (Beran/Braeuer/Sülau, S. 25), bezogen auf die gesamte Lederszene: „Aids hat die ganze Szene und uns alle sehr verändert […]. Wir sollten wieder mehr Toleranz untereinander zeigen, uns von liebgewonnenen Klischees trennen und anderen intensiver zuhören. Viele Kerle in der Lederszene machen ja aus ihrem Fetisch schon fast einen Religion – das geht einfach zu weit. So klein die Szene nun auch ist – dafür gibt es viel zu viel Streit untereinander […]. Und etwas mehr Humor könnte auch nicht schaden […]" – Letzteres hatte auch Günter Henzler für die Hamburger Szene festgestellt.

Nun beruht nicht jeder interne Konflikt auf menschlichen Unzulänglichkeiten und Eitelkeiten, sondern kann nachvollziehbare und ernstzunehmende sachliche Gründe haben, die nahezu zwangsläufig zu Abspaltungen führen müssen:

1. Das „M" im Namen der MSCs war als Camouflage gedacht, um nicht von vornherein als Homosexuelle wahrgenommen zu werden. Doch gibt es schwule Männer (und lesbische Frauen), die den Motorsport und das Motorrad lieben und in der Tradition der frühen nordamerikanischen Motorcycle-Clubs stehen wollen, was den Besitz eines Motorrades (oder zumindest einer festen Beifahrermöglichkeit) voraussetzte. Dieser Hintergrund führte zu Beginn der 1980er-Jahre zur Gründung des Motorclubs *Nordlicht*, der nur Motorradfahrer als Mitglieder zulässt.

2. Die Leder- und S/M-Szene ist keine Einheit, auch wenn sie oft als solche wahrgenommen wird. Nicht jeder Ledermann mag S/M-Praktiken, und umgekehrt ist nicht jeder S/M-Anhänger von Leder begeistert. Will man S/M der harten Gangart, fühlt man sich in einem Lederclub, in dem es höchstens mal Schläge auf den Po gibt, möglicherweise nicht gut aufgehoben und gründet einen eigenen S/M-Club, in dem Leder eine untergeordnete Rolle spielt. So 1983 in Hamburg geschehen mit der Gründung der *Gruppe Leder und SM* (GLSM) am Eichholz unweit der Landungsbrücken.

3. Zu Neugründungen führten auch regionale Wünsche, landsmannschaftliche Gegensätze, Angst vor Bevormundung durch einen größeren

oder wohlhabenderen Verein. So entstand 1990 unter Beteiligung von Mitgliedern des *MSC Hamburg e. V.* der LCNW Bremen.

4. Wer zu einem Tango-Tanz-Club gehört, wird dem Beitritt von Menschen, die statt Tango lieber Polka oder Salsa tanzen wollen, skeptisch begegnen, so sehr er/sie die Polka- oder Salsa-Tänzer/Tänzerinnen persönlich schätzen mag. Ähnlich reagieren eingefleischte Lederfreunde, wenn sie hören, dass bei Ledertreffen der Dresscode ausgeweitet wurde auf „Military, Skin, Fetisch, Pup" (so beim Hamburger Leder- und Fetischtreffen 2023). Ohne eingefleischter Purist zu sein, muss einem die kleidungsmäßige Diversität bei einem Treffen, das einmal ein weltweit beachtetes Ledertreffen war, nicht gefallen; denn wer queere Fetischfeste mit unterschiedlicher Kostümierung von fast nackt bis Drag-Queen-Fummel schätzt, kommt beim CSD auf seine Kosten. So ist es nicht erstaunlich, dass es zur Gründung traditioneller Lederclubs kam wie 1999 der Gruppe BLUF (Breeches, Leder, Uniform Fanclub), die Nacktheit, Halbnacktheit, Jockstraps, Chaps, Harness, Skinhead-Kleidung. Arbeitskleidung, Gummi, Denim und andere Fetische ausschließt.

Diese abgespaltenen oder neu gegründeten Gruppen und die MSCs müssen sich nicht feindlich gegenüberstehen. So finden gemeinsame Veranstaltungen von *MSC Hamburg e. V.* und BLUF statt. Und Uwe Langer stellte fest: „Berührungsängste zu neuen Vereinen wie *GLSM* und *LCH* [Lederclub Hamburg, 2011 aufgelöst, siehe der *stiefel*, 4/2011], die aus dem MSC hervorgegangen sind, gab es nicht – jedenfalls für mich nicht spürbar. Beide Gruppen wurden in das Ledertreffen einbezogen" (Beran/Braeuer/Sülau, S. 52). Und dennoch gibt der Text Ledertreffen reloaded – Zum 35. Geburtstag präsentiert sich das Hamburger Fetischtreffen ambitioniert von Peter Goebel (*hinnerk* 08/2008, S. 34) zu denken: „Kaum sind die Stände vom CSD-Straßenfest abgebaut, rüstet sich ein Teil der Szene zum nächsten Großevent: dem 35. Hamburger Ledertreffen vom 6. bis 11. August. Während einige seit dem Wegfall der Cap San Diego die Entwicklung des Treffens kritisch beäugen, verspricht das diesjährige Programm eine große Bandbreite an Veranstaltungen.

Auffälligste Veränderung ist der Umzug von *Spike e. V.* ins *Catonium* am Stellinger S-Bahnhof. Dort ist in den letzten Jahren eine Location entstanden, die weltweit ihresgleichen sucht. Ein Haus mit mehreren Etagen und Dachterrassen, das neben einer Fülle von Räumlichkeiten für die unterschiedlichsten Vorlieben auch manch interessante architektonische Perspektive bietet.

Aber auch sonst fällt auf, dass das diesjährige Ledertreffen mehr größere Veranstaltungen bietet als sonst. So geben sich an diesem Wochenende namhafte DJ's aus aller Welt die Klinke in die Hand. Zur offiziellen Eröffnung des Treffens durch *Spike e. V.* am Donnerstagabend im *Toms* legt Mauricio Neves aus Rio in der Dancehall auf. Am Freitag übernimmt diesen Job dort De La Torre aus London (*136°*), während DJ Red (Nürnberg) im *Catonium* für Stimmung sorgt. Samstag tritt dann DJD-Tize im Bunker der *Satisfucktory* gegen De La Torre in der *Dancehall* und Jared Austin und Quick in der *Markthalle* beim Hauptabend von *Spike e. V.* an. Am Sonntag schließen den Reigen Mike Kelly auf der Farewell-Party im Bunker und Mauricio Neves in der Dancehall.

Aber nicht nur soundtechnisch präsentiert sich die Hamburger Szene verändert. Mit der kürzlich eröffneten *Toms Dancehall* hat Hamburg nun ein Angebot, das man anderswo erst mal suchen muss. Bei der *Satisfucktory* am Samstag im Bunker wird für Fans minimalistisches Ambiente pur geboten. Am Sonntag findet dort auch die Farewell-Party mit Mike Kelly statt. Dazu kommen neben den fast durchgehenden Öffnungszeiten der Szeneläden die unterschiedlichsten Veranstaltungen von Oi Skin oder BLUF im frisch renovierten Slut über die Faustfestspiele im Strictly bis zur Motorradausfahrt der Hamburger Gay Biker. Alles in allem ein metropolentaugliches Angebot, das im Erfolgsfall dem Hamburger Treffen ein neues Image geben könnte". Die Frage ist nur, was für ein Image. Abgesehen vom letzten Absatz – dasjenige eines Ledertreffens oder das einer Dauertanzveranstaltung?

Von der Tendenz her galt das schon 2013 für das 40. Jubiläum des Hamburger Ledertreffens und die Zeit unmittelbar danach: Die früheren Erfolge im *Bauernhaus*, in der *Fabrik* und vor allem auf der *Cap San Diego* konnten vom Hamburger MSC nicht mehr erreicht werden. Das hing nicht nur mit den erfolgreicheren Folsom-Treffen in Berlin zusammen, sondern auch damit, dass für das Hamburger Ledertreffen attraktive und auf Dauer zur Verfügung stehende Örtlichkeiten nicht gefunden werden konnten. Ob im *Docks* auf der Reeperbahn, dem *Catonium* in Eidelstedt, der *Nervenheilanstalt* im Hafen, in der *Satisfucktory* und anderen Clubs, aber auch auf dem alternativen Veranstaltungsschiff *Stubnitz* an einem seinerzeit weit entfernt gelegenen Liegeplatz im Ödland (jetzt Hafencity) – nirgendwo wurden die frühere Atmosphäre und damit auch die Besucherzahlen der Hamburger Ledertreffen wieder erreicht. Einige der erwähnten Orte waren umstritten, andere wurden rundweg abgelehnt. Das Hamburger Ledertreffen als solches bestand zwar in einer sich reduzierenden Szenelandschaft fort, allerdings in erheblich kleinerem Rahmen. Es wurde zu einem überschaubaren Treffen von Freunden und Bekannten mit Feiern und Mister-Wahlen. Auch entwickelten sich neue Bewegungen im Fetischbereich: Vor allem die Puppy-Szene, die überwiegend jüngere Männer anspricht, suchte neue Wege und Ausdrucksformen. Doch ist seit einiger Zeit auch wieder steigendes Interesse an Leder festzustellen.

Zwei Namen sind es, die in der Geschichte der Hamburger Lederszene der späten 1960er- bis in die 1980er-Jahre eine besondere Rolle spielten: Gerhard/Gerd Pohl (vgl. *HHaaW*, S. 205 f., 209-212, 215, 285–287; Rostom Mesli; Pohl: *Hamburg von hinten* 1982) und Günter Henzler (vgl. *HHaaW*, S 105, 179, 203, 205 f., 208 f., 211 f., 217. Henzlers Auskünfte gegenüber Burkhard Knopke, Georg Oswald und Bernhard Rosenkranz sind mit Vorsicht zu betrachten. Wechselte er von Kassel gleich nach Hamburg [so gegenüber Rosenkranz] oder erst nach Stationen in München und Köln [so bei Oswald]? Stand er wirklich während der NS-Zeit dreimal vor dem Kriegsgericht und ist dreimal freigesprochen worden, wie er Rosenkranz gegenüber behauptete? Archivrecherchen boten dafür keinen Anhaltspunkt).

Pohl machte zusammen mit seinem damaligen Freund Helmut B. aus der ehemaligen Stricherbar *Loreley* in der Detlev-Bremer-Straße auf St. Pauli die erste genuine Hamburger Lederbar, die am 16. Januar 1967 eröffnet wurde, dunkel gestrichen mit Tom-of-Finland-Postern an den Wänden und täglich geöffnet, initiierte 1973 nach dem Vorbild von Lederzusammenkünften in Amsterdam, Berlin, Köln und in den USA das erste Hamburger Ledertreffen, das am 11. August in der *Fucktory* in Hamburg-Ottensen stattfand, und gehörte ein Jahr später, 1974, zu den sieben Gründern des *MSC Hamburg*, dessen Vorsitzender er bis 1978 war. Pohl führte auf den Hamburger Ledertreffen die Disko ein, was auf derartigen Veranstaltungen zuvor als undenkbar galt, und zeigte dort S/M-Pornofilme höchster Qualität, die er in den USA gedreht hatte. Und nicht zuletzt stellte Pohl die Weichen für die internationale Karriere des Tom of Finland.

Gerhard Pohl war Hamburger. Am 8. Dezember 1931 geboren, teilte er das Schicksal der Kinder und jungen Jugendlichen während der NS-Zeit. Eingeschult wurde er vermutlich 1938, durchlief das nationalsozialistische Schulsystem, ist sicherlich auch Pimpf geworden. Als er elf Jahre alt war, wurde seine Familie im Jahr 1943 im Rahmen der Aktion Gomorrha ausgebombt und fand im vermeintlich sicheren Sudetenland Unterschlupf. Dort war der Vater als Wachmann eines Gefangenenlagers tätig. Dieses Faktum spricht dafür, dass er fest im nationalsozialistischen System verankert war. Ob Pohls Vater als Soldat eingezogen, verwundet und nach seiner Genesung in das Gefangenenlager versetzt worden war oder ob er sich freiwillig dorthin gemeldet hatte, ist unbekannt. Wachmann im Sudetenland zu sein, war Anfang 1945 angesichts der Situation an den Fronten ein scheinbar ungefährlicher Posten. Am Ende des Krieges aber kam Pohls Vater aller Wahrscheinlichkeit nach ums Leben (jedenfalls ist er seither „verschollen“, wie der Fachausdruck lautet) – sei es bei Kämpfen, sei es, dass ihn

Gefangene oder tschechische Partisanen getötet hatten. Seine Familie wurde im Zuge der „wilden Vertreibungen“ und infolge der Benešdekrete aus der Tschechoslowakei (ČSR) vertrieben und gelangte über Berlin nach Garstedt bei Hamburg.

Gerhard Pohl war als Dreizehnjähriger am Ende des Zweiten Weltkriegs noch zu jung, um im Sudetenland zum Volkssturm eingezogen zu werden. Über Pohls politische Einstellung ist nichts bekannt. Seine Begeisterung für die USA, seine Homosexualität, die in der Familie zu heftigen Auseinandersetzungen führte, und seine Vorliebe nicht nur für weiße, sondern auch für farbige amerikanische Männer sprechen nicht dafür, dass die nationalsozialistische Erziehung allzu große Spuren hinterlassen hatte. Was aber Pohls Liebe zu Uniformen betrifft, kann diese durchaus von den Wehrmachts- und SS-Uniformen, denen Gerhard Pohl von Kindheit an begegnet war, herrühren, sie kann ihm aber auch „aus zweiter Hand“ von Touko Valio Laaksonen (= Tom of Finland) vermittelt worden sein.

Wieder in Hamburg, wird die Familie Pohl von einem Onkel unterstützt, der ein Steuerprüfungsbüro betrieb. Dieses sollte Gerhard Pohl einmal übernehmen, weswegen er nach dem Abitur ein Wirtschaftsstudium begann, das er allerdings nach zwei Jahren abbrach, um sich ganz seinem wahren Interesse, der Fotografie, zuzuwenden. In seinem in Hamburg verfassten Lebenslauf in englischer Sprache, der im Archiv des Schwulen*Museums in Berlin aufbewahrt wird, schreibt Pohl (Ansgarweg 1 in Hamburg 54) über seine Fotografie-Obsession: „Statt zu studieren [...] fotografierte ich: alles, jeden, überall. Häuser und Blumen, Pferderennen und Paraden, Sport und Stillleben, Freunde und Liebhaber. Ich hatte das alles schon während der Schulzeit gemacht, wo mir im Kunstunterricht erlaubt worden war zu fotografieren statt zu malen/[zeichnen]. Damals gewann ich mehrere erste Preise bei lokalen Wettbewerben wie Gartenschauen, Illustriertenwettbewerben, Kameraausstellungen; [ich] organisierte eine Gruppenausstellung einer Abendschule im Hamburger Amerika-Haus [ab 1949 Ecke Lombardsbrücke/Ballindamm, von 1957 bis 1997 Tesdorpfstraße 1] und – noch während der Schulzeit – gewann einen Hauptpreis in einem Jugendwettbewerb, der von der Marshallplan-Verwaltung organisiert worden war. Dieser Preis war ein Segelboot, aber wer will schon ein Segelboot, wenn er eine bessere Kamera haben möchte? Und so telefonierte ich mit dem Verantwortlichen der Marshallplan-Verwaltung und brachte ihn dazu, das Segelboot gegen eine Rolleiflex zu tauschen (seinerzeit schwer durchzusetzen, weil alles in den Export ging)“. (Der hier wiedergegebene Text ist die Grundlage der biographischen Notizen der New Yorker Leslie-Lohman-Gallery zu Gerhard Pohl anlässlich der Ausstellung *Gerhard Pohl: SMart ONE* vom 6. bis 31. Oktober 1981.)

Und Gerhard Pohl hatte Erfolg: 1954 veröffentlichte die Illustrierte *Stern* (19/1954) ein Foto Pohls von Liselotte Pulver als eines der ersten farbigen Titelbilder (Pohls biographischen Notizen zufolge „the very first color cover“). Und Oskar Graf von Bothmer (1918–1957) stellte für sein Monatsmagazin *Das Fenster* Pohl als Fotografen ein. Nach Bothmers Tod und dem Ende der Zeitschrift arbeitete Pohl freiberuflich als Fotograf und betrieb in Schenefeld ein Studio Werbefotografie, was seinen Lebensunterhalt sicherte und ihm zahlreiche Reisen ermöglichte in westeuropäische Länder und vor allem auch in die USA nach San Francisco und New York, wo er in die jeweilige Lederszene eintauchte und wovon er Anregungen nach Hamburg mitbrachte wie nach Discomusik tanzende Ledermänner.

Neben seiner Begeisterung für Fotografie erwähnt Pohl in seinem biographischen Abriss (s. o.) sein Interesse an Pornographie: Er habe begonnen, „Pornofotos zu sammeln und -Zeichnungen, männliche Akte, schwule Pornos [...], amerikanische Bodybuilding-Magazine und *Physique Pictorial* [...]. Einige meiner ältesten [gesammelten] Fotos habe ich von amerikanischen Soldaten geschenkt bekommen, die sie über Jahre in ihren Tornistern versteckt hatten. Damals war es gefährlich, derartiges Material zu sammeln, zu besitzen oder zu verkaufen. Briefe ausländischer

Freunde wurden vom Zoll und der Polizei/[Kriminalpolizei] geöffnet".

Ein Schlüsselerlebnis für Gerhard Pohl war seine Begegnung mit dem Werk von Tom of Finland (1920–1991). 1957 hatte das US-Magazin *Physique Pictoral* erstmals Zeichnungen dieses Künstlers veröffentlicht; 1968 fuhr Pohl nach Finnland, um diesen Mann persönlich kennenzulernen. Mit dieser Reise begann eine lebenslange Freundschaft: Pohl setzte seinen Freund Tom of Finland als Künstler in der Bundesrepublik Deutschland durch, verschaffte ihm Aufträge und machte Hamburg zum Ausgangspunkt von Toms internationaler Karriere. Pohl war es auch, der den Kontakt zwischen Harald Tangermann und Peter Daun zu Tom of Finland herstellte, die Toms wichtigste privaten Auftraggeber in Hamburg werden sollten. Und so ist ihr Lederlokal *Tom's* (heute *Toms*) auch das einzige, dessen Namensgebung von Tom of Finland autorisiert worden war.

Gerhard Pohl war der große Initiator innerhalb der Hamburger Lederszene. Sein Rückzug aus dem Vorstand und als Vorsitzender des *MSC Hamburg* im Jahr 1978, seine häufigen Aufenthalte in den USA, seine Aidserkrankung und sein Tod am 15. Juni 1993 sowie die Auflassung seines Grabes im Jahr 2015 führten dazu, dass heute nur noch wenige Hamburger persönliche Erinnerungen an ihn haben und dass Gerhard Pohls Hamburger Mitstreiter Günter Henzler den *MCS Hamburg* nachhaltiger als Pohl geprägt hat. Henzler war acht Jahre älter und lebte zwölf Jahre länger als Pohl. Geboren wurde Henzler in Kassel. In einem Interview mit Bernhard Rosenkranz am 28. Januar 2004 berichtete Henzler, dass er sich seit der Pubertät seiner Homosexualität bewusst gewesen sei. Als theaterbegeisterter Jugendlicher habe er eigentlich Schauspieler werden wollen, doch sei dies nach dem Kriegsausbruch nicht möglich gewesen. Und so wurde Henzler zunächst technischer Zeichner. Henzler betont in dem Interview, Gegner des Nationalsozialismus gewesen zu sein. Nach dem Krieg habe er ein Grafikstudium an der Kasseler Kunsthochschule absolviert und danach Berufserfahrungen bei der *Hessischen Allgemeinen Zeitung* [*Hessisch-Niedersächsische Allgemeine Zeitung*] gemacht. 1962 zog Henzler nach Hamburg, wo er schon nach wenigen Tagen seinen späteren Lebenspartner Siegfried Wiese (1926–2006) kennenlernte. Den Lebensunterhalt verdiente Henzler als Grafiker beim Deutschen Milchkontor. Und Henzler suchte Kontakt zu Ledermännern. Die am 16. Januar 1967 eröffnete Lederbar *Loreley* wurde seine „Hausbar", wie Henzler in seinem Interview betont. „Die Männer in Leder, die in der *Loreley* verkehrten, lagen auf meiner Wellenlänge". Zu deren Eröffnung sagte Henzler in seinem Interview von 2004: „Wir waren alle aufgeregt wie Kinder, die sich auf Nikolaus freuen. Endlich hatten wir eine eigene Kneipe, die nach unserem Geschmack eingerichtet war und wo wir unter uns waren. Hier konnten wir ungestört über unser Anliegen sprechen. Der Austausch von Informationen war damals viel wichtiger als heute. Geflirtet wurde auch, aber eher nebenbei" (*HHaaW*, S. 206). In der *Loreley* lernte er Gerhard Pohl kennen, mit dem ihn private und berufliche Freundschaft verbunden haben. 1974 gehörten beide zu den sieben Gründungsmitgliedern des *MSC Hamburg*. „Obwohl der § 175 bereits entschärft war, unterschieden sich die Lederfreunde dagegen, als offen schwuler Verein aufzutreten". Von Anfang an habe man jährliche Ledertreffen organisieren wollen. Da es seinerzeit eine Mutprobe gewesen sei, in „vollem Leder in einem Hotel zu übernachten", habe man auswärtigen Gästen Unterkunft und Verpflegung angeboten. Henzler fügte hinzu: „Durch den § 175 hatten unsere frühen Zusammenkünfte etwas Geheimbündlerisches". Das ist gut beobachtet. Leder- oder andere Fetischclubs als Gruppierungen, die sich nach außen abgrenzen, bisweilen auch abschotten durch Kleidung und Verhaltensformen. Fühlte oder fühlt man sich als etwas Besonderes, gar Elitäres – oder ist man eine säkulare Sekte oder nur eine Gruppe mit besonderen Interessen?

Der *MSC Hamburg* wurde Henzlers „Verein". Für ihn entwarf er das Emblem/Logo: einen Stiefel, den Henzler als „Synonym für die ganze Lederkleidung“ sah. Aus den Initialen des Vereins stellte Henzler seinen Künstlernamen Martin S. Cool zusammen. Für den *MSC Hamburg e. V.* schuf er über drei Jahrzehnte die Plakate/Programm-Cover, für Lederlokale und -geschäfte gestaltete er Werbematerial (z. B. um 1970 für das *Flamingo* und die *Loreley*, 1977 für das *Chaps*, den *Revolt-Shop*, und das *Image*). Im Jahr 1977 fand im Hamburger *Revolt-Shop* eine Ausstellung mit Werken von Martin S. Cool statt. Der *Fetisch-Report* 4/2017 urteilte über Henzler (allzu prononciert): „ Die Grafiken von Martin S. Cool, die ursprünglich nur für die Werbung zu diesen [Hamburger Leder-]Treffen erstellt wurden, sind inzwischen weltberühmt und haben den Stil von Tom of Finland weiterentwickelt“

Doch sah Henzler die Lederszene und den *MSC Hamburg* nicht unkritisch. Henzler zeichnete gerne Karikaturen, mit denen er allerdings nicht auf die gewünschte Resonanz stieß, denn „viele Ledermänner können [...] nicht über sich selbst lachen“. Und auch mit der Entwicklung innerhalb der der Lederszene haderte er: „Früher waren wir voll in Leder aufgezäumt. Heute ist alles Fetisch. Auch Männer mit bis zu den Kniekehlen hängendem Hosenschritt kommen zum Ledertreffen“ (alle Zitate: *HHaaW*, S. 208 f.).

Aber die Lederszene war nicht Henzlers einziger Lebensinhalt: Was er für sie tat, lief neben Beruf und schöngeistigen Interessen: Henzler war ein Opernfreund und gab ein Buch heraus mit eigenen Fotos vom Ohlsdorfer Friedhof und einer interessanten Lyrikauswahl mit Bezug zu Tod und Musik (s. Seite 71). Gestorben ist Günter Henzler unerwartet in einer Straßenbahn nach einer Opernaufführung am 30. Oktober 2005. Beigesetzt wurde er auf dem Ohlsdorfer Friedhof nahe Kapelle 10 (Lage L 28-32).

Bis 2003 hatte der *MSC Hamburg* die Ledertreffen organisiert; 2004 löste ihn in der Organisation der Hamburger Ledertreffen der am 8. Mai 2004 von dreizehn Personen gegründete *SPIKE Hamburg e. V.* ab. Dessen Satzung formulierte als „§ 2 Vereinszweck: (1) Der Verein fördert die Integration schwuler Menschen in die Gesellschaft sowie die öffentliche Akzeptanz gleichgeschlechtlicher Lebensweisen. Der Verein bemüht sich die weit verbreiteten Vorurteile über Schwule abzubauen. (2) Dieser Zweck soll insbesondere verwirklicht werden durch I. die Planung; Organisation und Durchführung von Veranstaltungen aller Art; II. die Durchführung von oder Mitwirkung an sonstigen öffentlichen Veranstaltungen; III. die Zusammenarbeit mit in- und ausländischen Vereinigungen und Verbänden vergleichbarer Zielsetzung sowie die Mitarbeit an internationalen Organisationen; IV. Aufklärungs- und Öffentlichkeitsarbeit; V. das Bemühen in Not geratene Mitglieder zu unterstützen. (3) Der Verein ist weder parteipolitisch noch konfessionell gebunden. (4) Die Mittel des Vereins und etwaige Gewinne dürfen nur für satzungsgemäße Zwecke verwendet werden. Die Mitglieder erhalten keine Zuwendungen aus Mitteln des Vereins [...]. Es darf keine Person durch Ausgaben, die dem Zwecke des Vereins fremd sind, oder durch unverhältnismäßig hohe Vergütung begünstigt werden. (6) Alle Inhaber von Vereinsämtern sind ehrenamtlich tätig. (6) Die Mitglieder erhalten bei ihrem Ausscheiden oder bei Auflösung des Vereins keine Anteile des Vereinsvermögens“. Letzteres gab es weder beim (alten) *MSC Hamburg e. V.* noch bei *SPIKE Hamburg e. V.* Denn Ursache für den Niedergang des (alten) *MSC Hamburg e. V.* waren die nachlassende Bedeutung der Ledertreffen des *MSC Hamburg* sowie (neben klubinterne Querelen) erhebliche finanzielle Probleme. Aufgelöst aber wurde der kriselnde Verein auf der Jahreshauptversammlung am 20. März 2005 bei *Hein & Fiete* allerdings nicht und konnte somit 2013 ohne Schwierigkeiten reaktiviert werden, nachdem *SPIKE Hamburg e. V.* wegen erheblicher Steuerschulden, die abschließend 2010 beglichen wurde, Insolvenz hatte anmelden müssen. Im Zusammenhang mit der Begleichung der Summe, die das Finanzamt schließlich nach harten Auseinandersetzungen als Kompromiss vorgeschlagen hatte, war von zwei Mitgliedern des Vereins *SPIKE* am 13. März 2010 ein Spendenaufruf verschickt worden. In einem weiteren Brief dieser beiden Männer vom 27. April 2010 heißt es: „Liebe Noch-

und Ex-Clubmitglieder des MSC-Hamburg, liebe Freunde, heute haben […] und ich die vom Finanzamt vorgeschlagene Summe von […] Euro an das zuständige Finanzamt überwiesen. Wir bestätigen hiermit, dass sämtliche gespendeten Beiträge damit zielgerichtet verwendet worden sind. Einen großen Dank an Euch alle: Seitens der Mitglieder sind […] Euro zusammengekommen. Zusammen mit […] Euro von *SPIKE e. V.* konnten damit […] Euro gesammelt werden. Ein schönes Zeichen gelebter Solidarität. Leider gab es von vier langjährigen Clubmitgliedern (Kameraden ?) weder eine Reaktion noch einen Cent! Obwohl diese an den Clubreisen teilgenommen, und wie auf alten Fotos sehen kann, diese auch sehr genossen haben. Solidarität beschränkt sich bei diesen Herren offensichtlich nur auf gemeinsame Feiern. Für viele war es sicher auch nicht einfach, einen Beitrag zu leisten. Hätten alle etwas gegeben, wären die […] Euro wahrscheinlich komplett zusammengekommen. So mussten […] und […] den Rest alleine aufbringen. Umso größer noch einmal der Dank an alle, die geholfen haben. Wir hoffen jetzt, dass die Verfahren dadurch verkürzt und endlich für alle Betroffenen zu einem guten Ergebnis gebracht werden können. […]". (Vgl. Stefan Mielchen: *Angeschwärzt? Vorstandsquerelen, Steuerfahndung – kein gutes Jahr für Spike e. V.* In: *hinnerk* 11/2005. Vgl. weiterhin die beiden oben erwähnten Schreiben zweier Männer vom 13. März und 27. April 2010 sowie das Protokoll der Mitgliederversammlung von *SPIKE e. V.* vom 13. März 2010 betr. Übernahme der Gerichtskosten im Nachlass Beran 1/10 im Schwulen*Museum Berlin.)

Die letzten Mitgliederversammlungen von *SPIKE e. V.* fanden am 19. Dezember 2012 und am 19. Juni 2013 statt.

Der neue *MSC Hamburg e. V.* überreichte im September 2013 dem Amtsgericht Hamburg, Vereinsregister betr. Vereinsregistersache *Motor Sport Club Hamburg e. V.* in Hamburg, VR 9351 das Protokoll der Mitgliederversammlung vom 15. September 2013 mit den Namen der neuen Vorstandsmitglieder. Wie vom Vereinsrecht vorgesehen, fanden die Jahreshauptversammlungen des *MSC Hamburg e. V.* regelmäßig statt, z. B. am 27. Juli 2014 und am 10. September 2015.

Der neue *MSC Hamburg e. V.* setzte sich zu einem Teil aus ehemaligen Mitgliedern von *MSC* (und weniger) *SPIKE Hamburg* und Männern aus anderen Vereinen zusammen, z. B. *Fetisch e. V.* oder *BOG* (Biker ohne Grenzen, seit 2023 *BLF*); Mehrfachmitgliedschaften sind möglich. Einer dieser Männer ist Harry K., der Ende 2013 Sozialbeauftragter des neuen *MSC Hamburg e. V.* wurde und seit 2017 dessen Vorsitzender ist. Inzwischen hat der *MSC Hamburg* rund 50 Mitglieder und verfügt über ein neues Logo, das gleich zweifach in der Tradition von Martin S. Cool/Günter Henzler steht: In einem quadratischen silberfarbenen Rahmen ist der Stiefel mit der Aufschrift MSC Hamburg des alten Logos zu sehen, daneben links die Leather Pride-Flagge. Gehalten wird dieser Rahmen von dem Ledermann der Plakate/Programm-Cover des MSC Hamburg von 2003, 2008 und 2015.

Geöffnet hat sich der Verein für Frauen; die Zeit männlicher Leder- oder Fetischtreffen sei vorbei, doch gebe es durchaus „Reinheitshubereien", was das Leder betreffe. Zusätzlich zum Mr. Leder/Leather werde nun ein Mr. Fetisch/Fetish gewählt. Neu sei die Einrichtung von Leather Social Hamburg, d. h. Treffen, die alle zwei Monate in der *Generation Bar* an der Langen Reihe 81 in St. Georg stattfinden. Einen Stammtisch des *MSC Hamburg e. V.* gibt es an jedem dritten Sonnabend im Monat im Lokal *Extratour* an der Zimmerpforte 1 in St. Georg (mit anschließend kostenfreiem Eintritt im *S.L.U.T.*). Und was bietet der Verein noch? „Vereinstreffen für Dombummel, Grillen, Winterpride sowie Jahresessen. Besuch von Veranstaltungen und viel Austausch" (so unter https://www.m-s-c-hamburg.de/…). ■

MSC Daten, Chronologie

Daten zur Geschichte der Motorsportbewegung und des Hamburger MSC, gegründet 1974

1923

21. November 1923: Günter Henzler in Kassel geboren. Künstlername seit 1974: Martin S. Cool.

1931

8. Dezember 1931: Gerhard (=Gerd) Pohl in Hamburg-Barmbek geboren.

1932

Gypsy MC gegründet. Dieser Club gilt als der älteste Motorcycle/Motorrad Club.

1935

Mc Cook Outlaws MC gegründet. 1950 wurde er in *Chicago Outlaws* umbenannt. Auf Grund des Verbots des Begriffs "outlaws" auf der Bekleidung bei Motorrennen wurde auf der Rennbekleidung die Buchstabenfolge OMS verwendet.

1940

Geburtsjahr des Hamburger Künstlers und Prototyp eines Ledermanns auch im Alltag Jürgen Drese.

1944

(Möglicherweise) Geburtsjahr des Künstlers Rex (West). Das Geburtsjahr ist unklar; Namenswechsel in den 1970er- oder frühen 1980er-Jahren.

1943

Gerhard Pohls Familie wird in Hamburg ausgebombt. Mutter und Kinder finden im Sudetenland Unterschlupf.

1945

Gerhard Pohls Vater kommt als Bewacher eines Gefangenenlagers im Sudetenland am Ende des Krieges aller Wahrscheinlichkeit nach ums Leben. Mutter und Kinder werden aus der ČSR ausgewiesen und gelangen über Berlin nach Garstedt (heute Stadtteil von Norderstedt).

1945 entstand die Rockergruppe *Pissed off bastards of Bloomington* (POBOB). Sie setzte sich aus ehemaligen, d. h. demobilisierten Soldaten der US Air Force zusammen.

1946

23. Mai 1946: Der Fotograf Rüdiger Trautsch wird in Hamburg geboren.
4. November 1946: Robert Mapplethorpe geboren.

1947

3. bis 6. Juli 1947: Motorradtreffen im kalifornischen Hollister, bei dem es am 4. Juli zu Ausschreitungen kam, die von den Medien hochgespielt wurden und als Hollister Riot/Hollister Bash bekannt geworden sind.

1950

11. November 1950: Mattachine Society in Los Angeles gegründet. Sie war die erste Homosexuellenorganisation in den USA.

1950er-Jahre

Die deutsche Halbstarkenbewegung entsteht und beunruhigt die westdeutsche Nachkriegsgesellschaft.

1953

30. Dezember 1953: Premiere von *The Wilde One*, Film mit Marlon Brando (in der Bundesrepublik Deutschland Erstaufführung am 14. Januar 1955).

1954

Der erste schwule Motorrad Club (Gay Motorcycle Club) *Satyr MC* wird am 5. November 1954 in Los Angeles gegründet.

Gerhard Pohls Foto von Liselotte Pulver erscheint als eines der ersten farbigen Titelbilder der Illustrierten *stern* (*stern* 10/1954).

1956

27. September 1956: *Die Halbstarken*, Film mit Horst Buchholz in der Hauptrolle
30. Dezember 1956: In Dortmund kommt es zum ersten westdeutschen Halbstarkenkrawall

Gerhard Pohl lernt den Studenten Helmut B. kennen. Mit ihm zieht er in eine gemeinsame Wohnung in der Heimhuder Straße in Hamburg-Rotherbaum. Unterstützt von B., gestaltet Pohl zehn Jahre später die ehemalige Stricher-Bar *Loreley* in der Detlev-Bremer-Straße auf St. Pauli in eine Lederbar um. Pohl unterstützt B. dabei, sich als Wirt zu etablieren, doch gibt B. nach Denunziation seiner sexuellen Identität wenige Monate später auf, um nicht seine eigentliche berufliche Zukunft zu gefährden.

1957

In seiner Frühjahrsausgabe (vol. 7, no. 1 , Spring 1957) druckt das US-Magazin *Physique Pictoral* erstmals Zeichnungen von Tom of Finland ab.
29. Mai 1957: Ralf Marsault, französischer Fotograf, wird in Angers geboren.
In Amsterdam wird als weltweit erste Lederbar das *Argos* eröffnet; sie bestand bis 2015 (Paul Stag).

1958

Oedipus Motorcycle Club of Los Angeles gegründet (Stag)
The Gold Coast in Chicago als erste Lederbar in den USA eröffnet.
Erster Lederclub in New York gegründet (Stag)
Erste Lederclubs in Berlin und Amsterdam gegründet (Stag)

1960

Gerhard Pohl besucht in Zürich die *Sauna am Kreuzplatz*, in Paris den *Petit Vendôme*, in Rotterdam die *Canterbury Bar*. „Inzwischen alle verschwunden, vergangen, vergessen“ (Gerhard Pohl, Licht-Blitze. In: *Hamburg von hinten* 1984/85, S. 64–67).
Gründung eines ersten schwulen Lederclubs in San Francisco (EMCM, About History).
Gerhard Pohls Fotoserie Spiegelbilder entsteht.

1960er-Jahre

Club de Sade am Hans-Albers-Platz auf St. Pauli gegründet, einer der ältesten europäischen S/M-Clubs
Anfang der 1960er-Jahre entwickelte sich das zwischen 1953 und 1996 existierende Lokal *Flamingo* in der Kastanienallee 33 von einer „normalen“ Schwulenkneipe zu einer Bar, in der in Hamburg zum ersten Mal auch Männer in Lederkleidung oder Manchesterhosen gerne gesehene Gäste waren. Dies war eine Sensation, wenn nicht gar eine Revolution , weil in der Schwulenszene der Nachkriegszeit Ledermänner einen ähnlich schlechten Ruf wie Tunten und Transvestiten hatten. Sie passten nicht zum Ziel der zweiten deutschen Homosexuellenbewegung der Nachkriegszeit, als Schwuler nicht aufzufallen, um durch Anpassung an das heteronormative Erscheinungsbild die Aufhebung der Strafbarkeit gleichgeschlechtlicher Handlungen und der Diskriminierung als „Hundertfünfundsiebziger“ zu erreichen. Zum damaligen Auftreten eines seriösen homosexuellen Mannes passten weder ein Rocker-Image noch das eines „weibischen Hinterladers“, wurde doch geleugnet, dass Analverkehr unter homosexuellen Männern eine verbreitete sexuelle Praxis sei, um das Klischee vom Arschficker zu revidieren – ein freilich untaugliches Unterfangen. Für das neue Konzept der *Loreley* gestaltete Günter Henzler (1923–2005) Anfang der 1970er-Jahre eine Anzeige mit vier Ledermännern (einer auf einem Motorrad) und dem Text „Die internationale Herrenbar mit Niveau. Korrekte Preise. Personal gesucht“. Bei Mustola/Delage heißt es (S. 37) über das Flamingo: „A bar named Flamingo gradually became the favorite haunt of gay men in leather. But it was not, by design, specially a leather bar. Sensing a niche waiting tob e filled“. (HHaaW S. 203).

1961

Die Antibabypille kommt in der Bundesrepublik Deutschland auf den Markt (1960 in den USA, 1965 in der DDR).
15. Dezember 1961: Stapellauf der Cap San Diego in Hamburg.

1962
Günter Henzler zieht von Kassel nach Hamburg.

1963
In Chicago wird ein erster schwuler Lederclub gegründet (ECMC, About & History).

1964
15. Februar 1964: Kiellegung und am 1. Juni 1964 Stapellauf des KTS Stubnitz (= MS Stubnitz) in der Volkswerft Stralsund.

1965
In London wird als erster europäischer Leder-Club für homo- und bisexuelle Männer in Leder/Gummi/Uniform der *Sixty Nine Club* gegründet. Er bestand bis zum 31. Dezember 2021.

1966
1966 bis 1980 entsteht die Schwarz-Weiß-Fotoserie *SMart One* von Gerhard Pohl.
Augusta (Gusti) Wirsing übernimmt in München die Traditionsgaststätten *Ochsengarten* in der Müllerstraße 47 und eröffnet sie als erstes schwules Lederlokal in Deutschland.

1967
16. Januar 1967: Eröffnung der *Loreley-Leder-Bar* in der Detlev-Bremer-Straße 44 auf St. Pauli. Inhaber war Pohls Freund Helmut B. (Pohl, *Hamburgs harte Männer*, S. 36).
1967: Ende Juni: Erik Stein, Wirt des Lokals *Flamingo* in der Kastanienallee 33 (St. Pauli), übernimmt zusätzlich die im Januar eröffnete *Loreley*-Bar.

1968
Gründung des *MSC Köln*, des vermutlich ersten deutschen schwulen Lederclubs, durch Helmut Klein. (Würdemann, *MS Panther*).
Erstes Ledertreffen in Deutschland in Köln (Pohl, *Hamburgs harte Männer*, S. 37 f.).
In New York City wird ein erster schwuler Lederclub gegründet (ECMC, *About & History*).
Gerhard Pohl fährt nach Finnland, um Tom of Finland kennenzulernen. Beginn einer lebenslangen Freundschaft.
Ende August 1968: Die Lederbar *Loreley* auf St. Pauli wird von Wolfgang Bader und Horst Menzen übernommen.
Geburtsjahr des dänischen Künstlers Erling Viktor.
Jürgen Drese: *Der Schießer*, Bild in Mischtechnik: Der Penis des Ledermannes ist als „Schießeisen" gestaltet.
Um 1968: Jürgen Drese: *Motorrocker*, Bild in Mischtechnik: Der Motorradfahrer ist eins geworden mit seinem Motorrad.

1969
04. April 1969: Gründung von AMCC (*Atlantic Mid-West Coordinating Council*, später: *Atlantic Motorcycle Coordinating Council*), einer Vereinigung von acht amerikanischen Leder- und Biker-Clubs sowie des Londoner *Sixty Nine Clubs*.
10. Juni 1969: Mit Erscheinen des *Sexualkundeatlasses* Beginn der Sexualaufklärung in den Schulen der Bundesrepublik Deutschland.
Am 1. September 1969 wird in Hamburg die *Euroclub-Sauna* eröffnet, die auch von Ledermännern besucht wurde. Diese Sauna bestand bis 1982 (Pohl, *Hamburgs harte Männer*, S. 38).

Um 1969
Entstehung der Skinheadbewegung im weißen Arbeitermilieu in East-London mit proletarischer Ästhetik und antibürgerlicher Haltung.

1960er-/frühe 1970er-Jahre
In der Bundesrepublik Deutschland entstehen mehrere Motorclubs durch in Westdeutschland stationierte amerikanische Soldaten.

1970
Um 1970 gestaltet Günter Henzler die Anzeigen der von Ledermännern gerne besuchten Bar *Flamingo* in der Kastanienallee auf St. Pauli.

Um 1970 gestalten Tom of Finland und Günter Henzler Geschäftskarten des Lederlokals *Loreley* in der Detlev-Bremer-Straße. 44 auf St. Pauli.

Gründung der Lederclubs *MS Amsterdam* und *MSC Rhein-Main*, Frankfurt am Main (ECMC, *About & History*)

1970er-Jahre

Gerhard Pohls Wohnung am Ansgarweg in Hamburg-Schnelsen wird ein beliebter Treffpunkt der Hamburger S/M-Szene (*HHaaW*, S. 287).

Larry Townsend *Das Lederhandbuch*, deutsche Ausgabe, Querverlag, 1998, Berlin

1971

In Köln eröffnet das *Platzjabbeck* als erste Bar dieser Stadt, die sich gezielt an die schwule Lederszene wendet.

1972

Wolfgang Maibauer wird neuer Inhaber der *Loreley* in der Detlev-Bremer-Straße.
Larry Townsend (1930–2008): *The Leatherman's Handbook* (TLH) erscheint bei Olympia Press; 2. Auflage 1974, 3. Aufl. 1978/79; komplette Neufassung 1981 (= *The Leatherman's Handbook II*) – davon 2. Auflage 1983, 3. Aufl. 1989 (erstmals mit dem Thema Aids); weitere aktualisierte Auflagen: 1993, 1995, 2000.
Jürgen Drese: *Chromarbeiter*, das Bild zeigt einen Ledermann eins werdend mit einem Förderturm.

1973

12. März 1973: *Spiegel*-Artikel: „Homosexuelle: Befreit – aber geächtet."
Rüdiger Trautsch beginnt sein Studium an der Hamburger Hochschuke für Bildende Kunst (Abschluss 1981).
Gründung des Lederclubs *Loge 70* in der Schweiz und des *MSC London* (ECMC, *About & History*). *Devil's Ducks MC* von Besatzungssoldaten in Aachen gegründet
10. und 11. August 1973: Erstes Ledertreffen in Hamburg. Am 10. August Vorabendparty in der Lederbar *Loreley* auf St. Pauli, am , 11. August Lederparty in der *Fucktory* am Hohenzollernring in Altona/Ottensen. Rostom Mesli notiert: „1. fistfucking scene to ever take place at such an event in Germany/Erstmals in Deutschland wurde Fist-Ficken öffentlich sichtbar. Since 1973, the rules have never changed and a strict dress code is enforced: leather, rubber or uniform are required to attend the parties"/Die Zugangsregeln wurden seit 1973 nicht geändert und ein strikter Dresscode durchgesetzt: Leder, Gummi und Uniform sind Teilnahmevoraussetzungen. Günter Henzler gestaltet die Plakate für fast alle Hamburger Ländertreffen von 1973 bis 2004. (*HHaaW*, S. 209 f.; Mesli, MSC Hamburg). Eine Großveranstaltung wie dieses Ledertreffen in der *Fucktory* wäre heute aus vielen Gründen verboten worden: Brand- und Lärmschutzbestimmungen, Hygiene- und Bauvorschriften.
Nights in Black Leather (= *Post Haste Hustle*), Film mit Peter Berlin / = Peter Burian)
5. Dezember 1973: Artikel von hk: *Behörde schloß die „Fucktory"* im *Hamburger Abendblatt.*

1974

Gerhard Pohl dreht von Anfang bis Mitte der 1970er Jahre mit seiner Super 8 – Filmkamera insgesamt zehn S/M-Pornofilme, die er vertonte und deren Drehbücher er geschrieben hatte. 1974 erschienen *Pier I*, 1975 *Pier II Reflections*. Die weiteren Filmtitel sind: *Hollywood Pool*, *Maskenball*,

David, More & More, Thomascat, I and Edgscat und *Nyscat* (*HHaaW*, S. 286).
That Boy, Film von Peter Berlin/Burian.
14. Januar 1974: Der *Sixty Nine Club* lädt die europäischen Lederclubs nach London ein. Konstituierendes Treffen zur Gründung des ECMC.
19. Januar 1974: Gründung der *European Confederation of Motorcycle Clubs* (ECMC).
August 1974: Zweites Ledertreffen in Hamburg, organisiert vom noch nicht offiziell gegründeten *MSC Hamburg*. „The *MSC Hamburg* was created to organize an annual leather party", heißt es in der Veröffentlichung der *Leather Hall of Fame* zur Geschichte des *MSC Hamburg* (Mesli). Pohl (*Hamburgs harte Männer*, S. 39 f.) berichtet: „Zum ersten Mal in Deutschland sieht die Szene einen FF-Film. Und darunter findet er real statt".
10. August 1974: Uraufführung des Films *Sexpier 48 I* von Gerhard Pohl in der Fucktory
30. September 1974: Gründung des *MSC Hamburg*. Die Gründungsurkunde ist von sieben Männern in alphabetischer Reihenfolge unterzeichnet worden, u. a. von Günter Fischer, Günter Henzler, Gerd Pohl, Eckhard Vielhaber. Das Logo des MSC Hamburg (seit 1980 „eingetragener Verein", also e. V.) wird von Günter Henzler, der sich nach den Initialen des Lederclubs Martin S. Cool nennt, gestaltet.
Oktober 1974: Gründung des *Motorsport-Clubs (MSC) Berlin*.
27. Oktober 1974: Gründung von *MSC Panther Köln*.
Aufnahme des *MSC Hamburg* in die ECMC (Beran, S. 54; Mesli : Beim ersten Annual General Meeting/bei der ersten Vollversammlung in Amsterdam).
November 1974: In München wird im Lokal *Deutsche Eiche* der *Münchner Leder Club* gegründet; 1979 wird er als *Münchner Löwen Club* in das Vereinsregister eingetragen.

1975

Faustrecht der Freiheit (englische Version: *Fox und His Friends*), Film von Rainer-Werner Fassbinder (nach Mesli fälschlicherweise 1974).
Freundschaftsbesuch des *MSC Hamburg* in London (Pohl, *Hamburgs harte Männer*, S. 40).
Konflikt zwischen dem Hamburger Schwulenlokal *TOMs* und dem MSC über die Gestaltung des Ledertreffens (Sülau, S. 14). Pohl (*Hamburgs harte Männer*, S. 40) berichtet ausweichend: Nach dem Freundschaftsbesuch in London „gibt es Ärger unter den Mitgliedern. Am Ende fliegen wir kurz vor unserem dritten Ledertreffen in hohem Bogen aus dem *Toms*". Beran (S. 10) äußert sich folgendermaßen dazu: „Nachdem es gleich in den ersten ‚Jahren einen tiefgreifenden Streit mit dem *TOMs-Saloon* über die Programmgestaltung des Ledertreffens gegeben hatte, war später die gemeinsame Abstimmung des Programms mit der kommerziellen Szene selbstverständlich. Ebenso klar war aber auch die Rolle des Clubs als Veranstalter und Organisator – angefangen von der Terminfestlegung über die Wahl des Veranstaltungsortes für den Hauptabend bis hin zum Rahmenprogramm".
2. August 1975: 3. Hamburger Ledertreffen , organisiert vom MSC Hamburg, im *Bauernhaus* im Altonaer Volkspark. Uraufführung des Films *Pier 48 Teil II* von Gerhard Pohl, der auch die Disco auf Hamburger Ledertreffen einführte. (Mesli; Pohl, *Hamburgs harte Männer*, S. 40).

1976

1976, Frühjahr: Verkaufsausstellung des Großformat-Magazins *The Loggers* im Hamburger *Revolt-Shop* in der Clemens-Schultz-Straße auf St. Pauli.
6.–8. August 1976: 4. vom MSC Hamburg organisiertes Ledertreffen, das u. a. von Rainer-Werner Fassbinder besucht wird. Plakat/Cover des Programms von Günter Henzler.
1976, vermutlich September: Im Magazin *him* (1976 = 7. Jg., Heft 5, S. 11-13): Artikel von Gerhard/Gerd Pohl: *„Tom of Finland special"*.

1977

Die deutschsprachigen Clubs in der ECMC geben ein eigenes Informationsblatt mit dem Titel *Stiefel* heraus. Englische Clubs beschweren sich über allzu freizügige Berichterstattung im *Stiefel*. (Beran, S. 54).

Gestaltung der Geschäftskarten des *Chaps* von Martin S. Cool (Günter Henzler): „*Chaps*/ Wohltmannstraße 24/Ecke Högerdamm/2000 Hamburg 1/Daily open from 9 p.m."

Aufregung um das Buch von Hans Eppendorfer *Der Ledermann spricht mit Hubert Fichte*. (*HHaaW*, S. 211; Beran/Sülau S. 20).

5. Juni 1977: Spiegel-Artikel „Kuscheln am Stiefel" – Rezension des Buches Der Ledermann spricht mit Hubert Fichte von Hans Eppendorfer.

16. Juni 1977: Eröffnung des Hamburger Lederlokals *CHAPS* (Pohl, *Hamburgs harte Männer*, S. 40). Anlässlich der Geburtstagsfeiern dieses Lokals fanden Wahlen zum Mr. Chaps statt (Beran, S. 55).

01. bis 31. August 1977: Ausstellung *Kunst in Leder?/Art in Leather?* im *Revolt-Shop*, Clemens-Schultz-Straße 77 auf St. Pauli. Ausgestellt wurden Fotos von Gerhard/Gerd Pohl und Werke von Günter Henzler.

5.–7. August 1977: 5. Hamburger Ledertreffen gemeinsam mit dem Kopenhagener *Skandinavian Leatherclub Men* (*SLM København/Copenhagen*). Auf dem von Günter Henzler gestalteten Programm/Plakat des *MSC Hamburg* zum Treffen heißt es :„Presented by *SLM Copenhagen*, *MSC Hamburg* and *SLM Norway*". Eingeladen waren die Mitglieder der ECMC. Pohl schreibt: „und wir glänzen mit Show und Film, Präsentation der deutschen und ausländischen Clubs" [...] 1977 stand das Hamburger Ledertreffen im Blickfeld der Öffentlichkeit" wegen Eppendorfers Buch *Der Ledermann spricht mit Hubert Fichte* – insbesondere wegen des Kapitels *Ledertreffen 1973 und Teil III – März 1976*. „*Der Spiegel* machte aus den Ledermännern eine ‚schwarze Liga' und eine ‚Reichswehr der Schwulen [...]. Der MSC wurde von Journalisten belagert [...]. Aus Enttäuschung, keine Gewaltopfer aufgespürt zu haben, machte sich Ben Witter (*Die Zeit*) in seinem Artikel *Bei uns sitzt das Leder noch stramm* über das Treffen lustig". Günter Henzler gelang Schadensbegrenzung. Erwähnenswert und in Erinnerung gebliebene ist der „vergessene Sklave am Baum", der erst am nächsten Morgen von Spaziergängern aufgespürt und befreit werden konnte (*HHaaW*, S. 211; Beran/Sülau, S. 20 f.; Mesli).

6. August 1977: Uraufführung des Films *Ein Maskenball* von Gerhard Pohl im Bauernhaus.

26. August 1977: *Zeit*-Artikel von Ben Witter: *Bei uns sitzt das Leder noch stramm – Wer zum „Freundeskreis" gehören will, muß menschlich und zuverlässig sein. Satire* (*HHaaW*, S. 211; Beran/Sülau, S. 20).

Oktober 1977: Artikel *Ledertreffen in Hamburg – Die Unfähigkeit, genau hinzusehen* von Hans Eppendorfer. In: *him*, Ausgabe Oktober (10/77) S. 34 f. Der lange Artikel ist eine Abrechnung mit der Hamburger Lederszene – vermutlich als Reaktion auf die Kritik an Eppendorfers Buch *Der Ledermann spricht mit Hubert Fichte*.

1978

Gerhard Pohl gestaltet den Werbeprospekt des Hamburger Lederschneiders Günter Skarupke.

Gerhard Pohl gibt den Vorsitz des *MSC Hamburg* ab; neuer Vorsitzender wird Klaus Kiehle. Der *MSC Berlin* wird als Verein in das Vereinsregister eingetragen.

August 1978: Das Hamburger Ledertreffen findet in diesem Jahr nicht in Hamburg, sondern vereinbarungsgemäß in Zusammenarbeit mit dem SLM Copenhagen in der dänischen Hauptstadt statt (Mesli; Sülau, S. 13)

11., 12. und 13. August: Leather Meeting: „ein jahr chaps". Plakat von Günter Henzler.

5. Oktober 1978: *Sie werden verspottet, verprügelt und gefeuert. Jetzt wollen Homosexuelle nicht länger verfemte Außenseiter sein.* 682 Männer bekennen im *STERN* „Wir sind Schwul"

1979

Gründung der Dachorganisation SKVdC: *Ständige Konferenz der Vertreter deutschsprachiger Clubs*. Ab Mitte der 1980er Jahre war diese Organisation auch für die Aids-Prävention tätig. Seit 2000: *LFC* (siehe dort).
Seit 1979: jährliche Wahl des *International Mr. Leather* in Chicago.
Eintragung des *Münchner Löwen Clubs* im Vereinsregister. Vereinszweck: „Förderung zwischenmenschlicher Beziehungen am Motorsport Interessierter und ihrer Freunde".
10. bis 12. August 1979: 6. Hamburger Ledertreffen:, organisiert vom *MSC Hamburg*. Auftritt von Evelyn Künneke. Gestaltung des Plakats/Cover des Programms von Günter Henzler: zu sehen ist Superman, der über Teile der Hamburger Silhouette fliegt (zu sehen sind u. a. der „Michel" und die schwedische Kirche sowie Schiffe auf der Elbe.
T-Shirt des *Revolt-Shops* für das Ledertreffen 1979 mit einem Motiv von Martin S. Cool (*HHaaW* S. 211).

Ende 1970er-/Anfang 1980er-Jahre

Wahlen eines Mr. Chaps im Zusammenhang mit Geburtstagsfeiern des Lederlokals *CHAPS* (Beran, S. 55).

Anfang 1980er-Jahre

Zunehmende Ausdifferenzierung der Skinhead Szene in Rechtsextreme, Linksextreme – und auch Gay-Skins
Mit dem Hamburger *Eagle* (Heidenkampsweg 32, Nähe Berliner Tor) existiert in der Hansestadt eine vierte Lederbar, die allerdings wenig frequentiert wird (*HHaaW*, S. 176; Pohl, *Hamburgs harte Männer*, S. 44; Hvh 1982, S. 220).
Gründung des Motorsportclubs *MC Nordlicht*, in dem nur Motorradfahrer zugelassen sind (Pohl, *Hamburgs harte Männer*, S. 42 f.; *Hvh* 1982, S. 220; *Hvh* 1984/84, S. 188)

1980er- und 1990er-Jahre

Weltweit zahlen während der Aidskatastrophe die Lederclubs einen hohen Tribut an die durch HIV ausgelösten Erkrankungen.

1980

07. Januar 1980, 18. März 1981, 17. August 1981: Schreiben von John W. Rowberry (Herausgeber des Magazins *DRUMMER* und von Alternative Publishing in San Francisco) betr. Abonnements von Gerhard Pohl und zur Veröffentlichung vorgesehene Fotos von Pohl.
6. Februar 1980: Satzung des *MSC Hamburg* von sieben Mitgliedern unterzeichnet und am 7. Juni 1980 von der „Versammlung der Gründungsmitglieder des *MSC Hamburg e.V.*" verabschiedet.
14. Juli 1980: Der *MSC Hamburg* wird als „eingetragener Verein" (e.V.) registriert.
August 1980 und 1981: Der Hauptabend des Hamburger Ledertreffens findet im Curio-Haus statt mit Buffet, Show, Filmen und Disco.
8.–10. August: 7. Internationales Ledertreffen, organisiert vom MSC Hamburg.
Günter Henzler wird Ehrenmitglied des MSC Hamburg

1981

Rüdiger Trautsch eröffnet an der Ecke Spaldingstraße unweit des *FRONT* ein Fotostudio.
Der *MS Panther Köln* beginnt mit der Ausrichtung schwuler Karnevalsbälle.
16. März 1981 und 17. August 1981: Schreiben von Gerhard Pohl an John W. Rosberry vom Magazin *DRUMMER* betr. Fotomappen von Pohl, Abonnement und Ausstellung *SMart One* in New York.
12. Juni 1981: Der schwule Buchladen Männerschwarm wird von Henning Rademacher und Dieter Telge am Neuen Pferdemarkt in der Hamburger Neustadt eröffnet.
19. bis 21. Juni 1981: Geburtstagsfeier 5 Jahre *Chaps* in der Hamburger Woltmanstraße 24 mit „Welcomeabend, Motorradfahrt, Wahl des Mr. Chaps, Brunch". Horst Menzen, Inhaber des *Chaps*, wird Mr. Chaps [Mr. Leder/Mr. Leather]

(Beran, S. 55). Das Plakat zu dieser Veranstaltung wurde von Günter Henzler gestaltet. Es zeigt den Körper eines Ledermannes zwischen Hals und Oberschenkeln; die Lederjacke ist weit geöffnet, so dass der Blick auf Bauch und Genitalien frei ist.

7.–8. August: 8. Internationales Ledertreffen. „Black 'n' Black". organisiert vom MSC Hamburg. Abstrakt gestaltetes Plakat mit sechs ineinander geschachtelten Quadraten.

17. August 1981: Schreiben des Herausgebers des Magazins *DRUMMER*, John W. Rowberry, an Gerhard Pohl betr. eine Galerie in San Francisco, die für Pohl in Frage kommen könnte: „There is only one good photography gallery in San Francisco at the moment that is showing gay work, the *551 Gallery* owned by Victor Arimondi (himself a photographer from Europe). I talked with him about your show at Leslie-Lohman, and told him how extraordinary I thought your work was – and suggested to him that he should try and exhibit your work here in San Francisco. I have given him your adress/name, and I am giving you his: *551 Gallery*/551 Haight Street/San Francisco, CA".

25. September 1981: Schreiben von Gerhard Pohl an Werner Baecker (1928–2019), Moderator der Hamburger Sendereihen *Die Schaubühne* und *New York – New York*, in dem Pohl den Journalisten auf die Ausstellung *SMart One* in New York aufmerksam macht: die Ausstellung sei „sicherlich kein Thema für Ihre Sendung ‚New York – New York'", könne ihn aber „möglicherweise privat" interessieren.

5.–18. Oktober 1981: Einzelausstellung Gerhard Pohl: *SMart One* in der *Leslie Lohman Gallery*, New York. Bericht in *The New York Native* über die Pohl-Ausstellung; Annonce der Galerie in dieser Zeitung und Eintragung unter der Rubrik „Galleries".

1982

7. Januar 1982: Im US-amerikanischen Magazin *The Advocate* erscheinen neun Fotos von Gerhard Pohl.

Martin S. Cool gestaltet die Speisekarte des Schwulenlokals *Image* (Inhaber Horst Menzen).

Vorwurf von Heino Beran (S. 10), der MSC habe verantwortungslos die seit 1982 in den USA sich deutlich abzeichnende Aids-Katastrophe verharmlost. (Beran S. 10).

Nach Rainer-Werner Fassbinders Tod (10. Juni 1982) wird Ende August 1982 auf dem Filmfestival in Venedig sein Film *Querelle* (nach dem 1947 erschienenen Roman *Querelle de Brest* von Jean Genet) gezeigt. Der deutsche Filmstart erfolgte am 16. September 1982.

Gerhard Pohl veröffentlicht einen Artikel zur Lederszene in dem schwulen Stadtführer *Hamburg von hinten* unter dem Titel *Hamburgs harte Männer – Ein Streifzug durch die Lederszene* (*Hvh* 1982, S. 35–44 sowie Beran/Braeuer/Sülau S. 16–19).

Gerhard Pohl: Ausstellung *SMart One* in San Francisco.

20. März 1982: Ein Foto von Gerhard Pohl erscheint als Titelbild des Magazins *HONCHO*.

22. bis 29. Mai 1982: „Bootsfahrt für Kunst- und Kulturinteressierte [des *MSC Hamburg*] durch Holland

13.–15. August 1982: 9. Internationales Ledertreffen, organisiert vom *MSC Hamburg*. Plakat und Programm-Cover zeigen in Großformat das Logo des MSC Hamburg, den Stiefel mit Aufschrift und Ledergürtel.

29. bis 30. Oktober 1982: Besuch des *Münchner Löwen Clubs* beim *MSC Hamburg e.V.*

1983

1983 waren im ECMC 38 Lederclubs aus 31 Städten in 11 europäischen Staaten vertreten.

14. Mai 1983: Eröffnung des Magnus Hirschfeld Centrums in Hamburg, Borgweg 8.

12.–14. August 1983: Internationales Hamburger Ledertreffen, organisiert vom *MSC Hamburg*, im Bauernhaus. Collage auf Plakat/Programm-Cover von Günter Henzler. Auftritt von Helen Vita am 13. August.

31. Dezember 1983: Ende der Gültigkeit der Mitgliedschaft von Gerhard Pohl im *Sixty-Nine [Motorcycle] Club* in London.

1984

27. April 1984: Brief von Ingo Taubhorn (*1957) für den *bruno gmünder verlag* an Gerd Pohl mit der Bitte um einen „Beitragsvorschlag von ca. 10 Bildern" für das Buch Anthologie deutscher Fotografen zum Thema Männerakt. Diese Anthologie ist vermutlich nicht zustande gekommen. 1986 erschien von Ingo Taubhorn in einem Schweizer Verlag der Band *Mensch Mann* und 2006 (zusammen mit Ulrich Domröse) *Blicke und Begehren – Der Fotograf Herbert Tobias* (1924–1982) im Göttinger *Steidl Verlag.*
13. bis 23. Juni 1984: Schottlandfahrt des *MSC Hamburg e. V.*
6. August bis 22. September 1984: Ausstellung mit Kunstwerken von Michael Eisenblätter unter dem Titel *Leathermen und Co* im *Revolt-Shop*
10.–12. August 1984: „10 Years *European Confederation of Motorcycle Clubs* ECMC 1974–1984" – Internationales Ledertreffen im *Bauernhaus.*, organisiert vom MSC Hamburg. Das Plakat/Cover des Programms zeigt auf der rechten Seite großformatig das Ledermann-Porträt Cap von Tom of Finland aus dem Jahr 1977. Links davon ist ein kleines Foto des Veranstaltungsortes *Bauernhaus* zu sehen. Die Collage stammt von Günter Henzler. Auftritt von Marlene Jaschke in der Fabrik.
20. Oktober 1984: „Leder Festival im *chaps* – Fun, Food, Surprises; Tierisches aus Leder von MR. Chaps, LeatherWorks and Piercings". Die Schrift erscheint vor einem Foto des *chaps*, davor Ledermänner und vor diesen Motorräder. Die Collage stammt von Günter Henzler.
Im Verlag *Rosa Winkel* erscheint *Mannsbilder* 1984 von Hansheinrich [Hans Heinrich/Hans-Heinrich] Salmon. Das zur Verfügung stehende Foto zeigt die Hinteransicht eines Mannes in Chaps mit nackter Gesäßpartie von den Schultern bis zu den Oberschenkeln. (Ein Foto liegt vor, im Internet nicht zu verifizieren.)
Dietmar Dubbert, Bedienung im *Chaps*, wird Mr. Chaps. Dubbert eröffnet später das Lederlokal *Black* (Beran, S. 55).
Seit 1984 schließt *Folsom Street Fair* im September die *Leather Pride Week* in San Francisco ab. (Siehe auch unter 2004: *Folsom Europe* in Berlin.)
Ausstellung mit Kunstwerken von Axel Räbiger unter dem Titel *Lederlich* in der *Buchhandlung Männerschwarm.*
Gründung von GLSM. Diese Gruppe bestand und residierte bis 1999 am Eichholz 56 (in der Nähe der Landungsbrücken). Ihr Erbe trat die VFSM (*Vereinigung Fetisch und Sadomasochismus*) an. Auch sie gibt es nicht mehr.

1985

Horst Menzen und sein Partner Andrew Day eröffnen in Hamburg das Ledergeschäft *Mr. Chaps.* Von Gerhard Pohl stammt das Titelbild des Magazins *DRUMMER* no.81
Dietmar Dubbert eröffnet in Hamburg das Lederlokal *BLACK.*
Mai 1985: Die Fotoserie *Achtung! Polizei* von Gerhard Pohl erscheint im Magazin *HONCHO* (S. 4f.).
August 1985: Gerhard Pohl veröffentlicht Fotos im Magazin *HONCHO.*
9.–11. August 1985: Das Foto des Plakats /des Programm-Covers für „Europe's Leatherparty number one" im *Bauernhaus*, organisiert vom *MSC Hamburg*, stammt von Gerhard Pohl. Es zeigt die Hose eines Ledermanns samt reichhaltigem Schlüsselbund.
Erste Wahl eines *Mr. Leather Europe* in Stockholm, ausgerichtet von ECMC (Beran, S. 55).
September/Oktober 1985: Artikel von Ralf Marsault über Gerhard Pohl: *Les vrais mâles de Hambourg* (Die wahren/richtigen Hamburger Männer). In: *Gai Pied Hebdo.*

1986

Thomas Karasch, MSC Hamburg, gewinnt die Wahl zum Mr. Chaps (Beran, S. 55).
Die *Cap San Diego* wird Museumsschiff.
4. August 1986: Schreiben von Michael Hartleben (Revolt-Shop, Hamburg) an Gerd Pohl betr. diverse Bestellungen der Filme *Pier 48 I* und *II*; *Reflections* und *Hollywood Pool* aus den Niederlanden und der Schweiz.

8.-10. August 1986: „Europe's Leatherparty No 1 incl. Mr. Europe-Contest" im Bauernhaus., organisiert vom *MSC Hamburg*. Das Plakat/Cover des Programms zeigt einen weitgehend nackten Mann mit Uniformmütze, Stulpenhandschuhen und Harness aus Leder. Vorbild der Gestaltung ist erkennbar Tom of Finland.
5. bis. 7. Dezember 1986: Reise des *MSC Hamburg e. V.* zum Clubtreffen nach Kopenhagen.

1987

Thomas Karasch wird in Chicago zum *International Mr. Leather 1987* gewählt, dem ersten von außerhalb der Vereinigten Staaten von Amerika.
8. August 1987: „Mr. Europe Leather 1987" im Bauernhaus. Das Plakat zeigt das Foto eines Ledermanns, der mit seinen Händen Ketten hält, von Gerhard Pohl aus dem Jahr 1981. Auftritt von Georgette Dee als Conférencier und von Terry la Tour im *Bauernhaus*.

1988

Ab 1988 wird in allen Lederclubs die Funktion eines Sozialbeauftragten geschaffen. Deren Aufgabebereich: Aufklärungs- und Präventivarbeit im Hinblick auf AIDS (Kondome, Gleitmittel), Zusammenarbeit mit den lokalen Community-Gruppierungen zur AIDS-Prävention (in Hamburg z. B. mit *Hein & Fiete*).
12. August 1988: Vereinbarung zwischen *Revolt Press Verlags- und Vertriebsgesellschaft m.b.H.* Hamburg 4, Clemens-Schultz-Straße 77 und Gerd Pohl betr. kostenlose Ausstellung von 22 Schwarz-Weiß-Fotos im Format 40×50.
August 1988: Zum Hamburger Ledertreffen fand die letzte Ausstellung mit Fotos von Gerhard Pohl im *Revolt Shop* von Wolfgang Stadler und Michael Hartleben auf St. Pauli statt. In dieser Ausstellung waren auch Zeichnungen von Tom of Finland zu sehen (*HHaaW*, S. 179).
12.–14. August 1988: „Europe's Leatherparty" im *Bauernhaus*, organisiert vom MSC Hamburg; die Vorabendparty des Hamburger Ledertreffens fand auf der *Cap San Diego* statt. Das Foto auf dem Plakat/Programm-Cover zeigt das Gesäß eines Mannes in Jeanshosen sowie Teile eines Nietengürtels, an dem u. a. Handschellen hängen. Von rechts greift eine Hand in einem Lederhandschuh in die Po-Kerbe der Jeanshose. Das auf der Collage von Henzler verwendete Foto stammt vermutlich von Gerhard Pohl.
Ende 1988 stirbt Horst Menzen; er ist eines der vielen Opfer der Aidskatastrophe aus der Lederszene. Sein Partner Andrew Day stirbt wenig später.

Ende der 1980er-Jahre

MS Panther Köln führt das Amt des Aidsbeauftragten ein.

1989

1. Januar 1989: Ingo Szogs, Inhaber von *REMEDY* (Erotik- und Fetisch-Versand), übernimmt das Geschäft *Mr. Chaps*.
Frühjahr 1989: Tod von Andrew Day, dem Partner von Horst Menzen.
9. März 1989: Robert Mapplethorpe gestorben.
28. Mai 1989: Tony DeBlase (1942-2000) präsentiert auf der Veranstaltung IML (*International Mr. Leather*) die seither verwendete Flagge der Lederszene (Leather Pride Flag).
10.–13. August 1989: (erstmals an vier Tagen) „Europe's Leatherparty No. 1 – Hamburg: at *Bauernhaus*, *Black* and *Chaps*. And on the *Cap San Diego*!!". Organisation: *MSC Hamburg*. Auf dem Plakat steigt ein weitgehend nackter Mann, dessen halbsteifer Penis, Schwanzring, Hodensack und Intimbehaarung deutlich herausgearbeitet sind, angetan mit weit geöffneter Lederjacke, Militärmütze und Sonnenbrille, aus einem schwarzen Rahmen. Angetan ist er mit einer weit geöffneten Lederjacke, die über seine rechte Schulter geworfen ist und in der sein linker Arm steckt, sowie mit Militärmütze und Sonnenbrille. Vorbild der Darstellung des Mannes durch Martin Henzler (der als Martin S. Coole signiert hat) ist Tom of Finland.

1990er-Jahre

GSM (*Gay Skinhead Movement*): Seit den 1990er Jahren sind Image und Kleidung der Skinheads als Fetisch auch in der Schwulenszene verbreitet. „Zunächst war das für die schwule Szene eine Provokation. […] Die Grenze zwischen ‚echten' Skinheads und ‚GaySkins', die nur den sexuellen Kick suchen, […] ist wahrscheinlich als fließend aufzufassen" (*Wikipedia*-Artikel).

1990

Von 1990 bis 2004 finden die Hamburger Ledertreffen auf der *Cap San Diego* statt – zunächst nur in wenigen Räumen des Schiffs, seit August 2000 auf dem gesamten Schiff. Die Party auf der *Cap San Diego* war seinerzeit die Hauptattraktion der Ledertreffen (Sülau, S. 70).
Einer der letzten Aufträge, die Gerhard Pohl erhält, betreffen Fotoarbeiten für den Katalog *Männersachen* für den Hamburger Leder-, Gummi- und Toy-Versandhandel *Temptation* (*HHaaW*, S. 286).
25.–27. Mai 1990: „BIKE RUN BALTIC SEA COAST, hosted by *MSC HAMBURG* and *MC NORDLICHT*".
Juli/August 1990: Der MSC war keine Massenorganisation. Er hatte im Sommer 1990 siebzehn und acht Jahre später 22 Mitglieder.
9.–12. August 1990: „Leatherparty '90 in Hamburg in the *FABRIK* and on the *CAP SAN DIEGO*", organisiert vom *MSC Hamburg*. Plakat/Programm-Cover von Martin S. Cool signiert.

1991

8. bis 11. August 1991: „International Leatherparty"
4. bis 6. Oktober 1991: ECMC Annual General Meeting 1991 in Hamburg. „For further information: *MSC Hamburg e. V.*, P.O Box 303683, D- 2000 Hamburg 36".
7. November 1991: Tod von Tom of Finland.

1992

6.–9. August 1992: „THE LEATHERPARTY '92 IN HAMBURG", organisiert vom *MSC Hamburg*.

1993

15. Juni 1993: Gerhard Pohl stirbt an AIDS. Beisetzung auf dem Stellinger Friedhof in Hamburg-Altona.
5.–8. August 1993: Hamburger Ledertreffen 1993, organisiert vom *MSC Hamburg*.
MS Panther Köln: Gründung der Initiative *Leder gegen rechts*.
November 1993: Gründung des Sozialwerks *MS Panther Köln e.V.*

1994

Frühjahr: Ingo Szogs und das Ledergeschäft *Mr. Chaps* ziehen von der Schmilinskystraße (St. Georg) in die Gurlittstraße 47 im selben Stadtteil um. Das Mietverhältnis ist bis 2003 befristet (Beran/Braeuer/Sülau, S. 76f.).
Die *MS Stubnitz* wird zu einem Kulturprojekt (Mesli).
August 1994: *LEDER – Europas größtes Treffen*, Cover von und Artikel im *hinnerk*
10. August 1994: Eröffnung der Retrospektive Tom of Finland im *Erotic Art Museum* Hamburg.
11.–14. August 1994: Hamburger Ledertreffen, organisiert vom *MSC Hamburg*. Das Plakat/Programm-Cover von Günter Henzler/Martin S. Cool zeigt rechts Silhouette von Hamburg mit „Michel" und „Gustav Adolf Kyrkan", davor die U-Bahntrasse, Landungsbrücken und einen Segler auf der Elbe. Links davor der Oberkörper eines Mannes mit weit geöffneter Weste und Uniformmütze bis über die Augen.
12. November 1994: Ausfahrt des *MSC Hamburg e.V.* zum zwanzigjährigen Bestehen des *MSC Hannover*.
Rainer Jarchow tritt das Amt als Hamburger „Aidspastor" an. Er gehört zur Kölner und Hamburger Lederszene.

1995

Der Hamburger Aidspastor Rainer Jarchow (heute: Ehlers) gründet einen Stammtisch für Ledermänner, genannt *Leder Positiv*, der bis heute besteht (Sülau).

10.–13. August 1995: Hamburger Ledertreffen: „1974 20 Jahre MSC Hamburg 1994". Auf dem Plakat/Programm-Cover von Henzler sieht man vor einer Art filigraner beiger Jugendstiltapete Kopf, nackte Schulterpartie und muskulöse Oberarme eines Mannes mit Lederarmband links und Uniformmütze.

10.–14. August 1995: Ausstellung mit Plakaten, Signets und Karikaturen von Martin S. Cool in *TOM's Saloon*

1996

8. bis 11. August 1996: Hamburger Ledertreffen, organisiert vom MSC Hamburg.

1997

Ca. 1997: *Auch Kondome können Leben retten*. Postkarte der Aidshilfe, gestaltet von Detlev Pusch mit einer Zeichnung von Tom of Finland (vorhanden im *Deutschen Hygienemuseum Dresden*, Inventarnummer DHMD 1999/57).

7.–10. August 1997: Hamburger Ledertreffen, organisiert vom *MSC Hamburg*.

September 1997: *Fetisch Uniform*, Cover von und Artikel im *hinnerk*. Bezug zur Gruppe *Kommando Nord* mit dem Fetisch Uniform und Tarnanzüge.

1998

„It was not until 1998 that a German Mr. Leather title was created, awarding during the Easter weekend in Berlin" (*Leather Hall of Fame*)/ Seit 1998 findet jeweils zu Ostern die Wahl des German Mr. Leather statt, der dann als deutscher Vertreter am Wettbewerb um den Titel IML teilnimmt (Mesli/Beran, S. 55).

12.–17. August 1998: (erstmals eine Dauer von sechs Tagen) Hamburger Ledertreffen., organisiert vom MSC Hamburg. Die Collage Henzlers verwendet u. a. ein Foto der Cap San Diego.

1999

8. Juni 1999: Brief von Lars Borgen (Partner von Gerhard Pohl) an den Kurator Wolfgang Theis (als Antwort auf dessen Anruf vom 26. Mai 1999) betr. die Ausstellung mit Fotos von Gerhard Pohl im *Schwulen Museum Berlin* und die zu deren Eröffnung einzuladenden Personen aus Pohls/Borgens Freundeskreis. Genannt werden u. a. Pohls Schwester Helga Kistenmacher und der Neffe Michael Kistenmacher.

11.–16. August 1999: Hamburger Ledertreffen, organisiert vom *MSC Hamburg*. Henzler verwendet für das Plakat/Programm-Cover ein Foto des „Hamburger Kulturzentrums *FABRIK*, gegründet 1971" in der Barnerstraße 36 in Altona. Davor rechts ein fast nackter muskulöser Mann mit Lederjacke, die über die rechte Schulter geworfen ist.

31. Juli bis 31. Oktober: Gerhard Pohl – Fetisch Leder: Fotografien. Ausstellung im Schwulen Museum Berlin.

2000

SKVdC ändert den Namen in LFC (*Leder und Fetisch Community*). Im Jahr 2013 waren darin 17 Clubs aus Deutschland, Österreich und der Schweiz aktiv (Beran, S. 54).

August 2000–2004: Während dieser fünf Jahre wird für das Hamburger Ledertreffen das gesamte Schiff *Cap San Diego* gemietet. „The *MSC Hamburg* annual party had become Europe's top leather event" (*Leather Hall of Fame*).

9.–14. August 2000: Hamburger Ledertreffen, organisiert vom *MSC Hamburg*.

2001

Axel Teschke vom *MSC Hamburg* wird zum deutschen Mr. Leather gewählt und nimmt an den Ausscheidungen zur Wahl des IML in Chicago teil.

8.–13. August 2001: Hamburger Ledertreffen, organisiert vom *MSC Hamburg*.

2002

7.–12. August 2002: *Hamburger Ledertreffen*, organisiert vom MSC Hamburg.

Nach dem Ledertreffen von 2002 steht der Veranstaltungsort *Fabrik* wegen Komplettsanierung und neuen Besitzverhältnissen nicht mehr zur Verfügung (Sülau, S. 70).

2003

Mr. Chaps/Ingo Szogs ziehen in ein altes Weinkontor in der Greifswalder Straße 23 um.
4.–31. August 2003: Rüdiger Trautsch: *Leder Rapport 2003*, Ausstellung im *Café Gnosa*
6.–11. August 2003: Hamburger Ledertreffen, organisiert vom *MSC Hamburg*.
11. August 2002: *VFSM Fetisch- & SM-Night* im *Chaps*. Das Plakat zeigt einen muskulösen nackten Mann zwischen Kinn und rechtem Oberschenkel. In den Händen hält er eine schwere zerbrochene Kette. Das Genital ist nicht sichtbar. Das Plakat wirbt mit dem Slogan „Der richtige SM-Club/The special SM-club". „Einlaß/Admission: 20.00 h – 21.00 h; Auslaß/Exit: Not before 23.30 h; Eintritt/Admission charge: € 5,-; Türen geschlossen/Closed doors: 21.00 h. to 23.30 h. Action – Privacy – Tough".
3.–5. Oktober 2003: „ECMC AGM [Annual General Meeting]". „Party on the ‚*Cap San Diego*'; 4th Mr. Leather Europe Contest". Organisation: *MSC Hamburg*. Es handelt sich um die letzte Großveranstaltung, die vom (alten) *MSC Hamburg* organisiert worden ist.

2004

8. Mai 2004: Gründung von *SPIKE Hamburg e.V.*
28. Juni 2004: Günter Henzler gibt Bernhard Rosenkranz ein Interview. Dies ist abgedruckt in Hamburg auf anderen Wegen S. 208 f.
11.–16. August 2004: Hamburger Ledertreffen, nun organisiert von *SPIKE Hamburg e.V.* Es ist die letzte „Leatherparty" auf der Cap San Diego. Der Wegfall dieses Schiffs als Veranstaltungsort bedeutet in der Geschichte der Hamburger Ledertreffen einen gewaltigen Einschnitt und Umbruch. (Sülau, S. 71 schreibt: „Der Wegfall der ‚*Cap San Diego*' nach einem Pächterwechsel 2006 stellte für das Hamburger Treffen einen brutalen Einschnitt dar".) Das Plakat/Programm-Cover zum Ledertreffen von 2004 ist zum letzten Mal von Günter Henzler/Martin S. Cool gestaltet worden. Das Ende seiner Tätigkeit war ihm nahegelegt worden, weil er sich zu oft wiederholt und mit immer wiederkehrenden Versatzstücken gearbeitet hatte.
12. August bis 26. Oktober 2004: Ausstellung *Fetisch* (Fotos für einen Kalender des MLC von Lars Deike) in der *Boutique Bizarre* an der Reeperbahn
Seit September 2004 findet jährlich in Berlin die Veranstaltung *Folsom Europe* statt.

2005

10. Juni 2005: Gespräch zwischen Bernhard Rosenkranz und Jürgen Drese, abgedruckt in *HHaaW*, S. 276-279.
10.–15. August 2005: Hamburger Ledertreffen, organisiert von *SPIKE Hamburg e.V.* Im Mittelpunkt des Plakats steht das Foto des Torsos (zwischen Hals und Schambereich) eines Ledermannes, bekleidet mit Harness, Lederchaps, Ledersuspensorium.
16. September 2005 bis 8. Januar 2006: Fotos von Gerhard Pohl werden auf der Ausstellung *Hubert Fichte und Leonore Mau* in Hamburg gezeigt. Der Katalog zu dieser Ausstellung (hrsg. von Wilfried F. Schöller, Frankfurt am Main 2005, S. 200 f.) enthält die Fotos *Handclifs / Handschellen* und *Tongues /sich berührende Zungen* aus der Serie *SMart One*.
Oktober 2005: Ausstellung *LeatherWorld*, Fotos von Karl Mai in der *Boutique Bizarre*
30. Oktober 2005: Günter Henzler stirbt nach einem Opernbesuch auf dem Weg in sein Hotel. Beisetzung auf dem Ohlsdorfer Friedhof, Grablage: L 28-32, nahe Kapelle 10. Im selben Urnengrab wurde Henzlers langjähriger Partner Siegfried Wiese (1926–2006) bestattet.
November 2005: *Angeschwärzt? Vorstandsquerelen, Steuerfahndung – kein gutes Jahr für SPIKE e.V.,* Artikel von Stefan Mielchen im *hinnerk* 11/2005.
Dem ECMC gehören etwa 5000 Mitglieder aus 44 Lederclubs an.

2006

Im LFC (vormals SKVdC) sind 13 Leder- und Fetischclubs aus Deutschland, der Schweiz und Österreich Mitglied.

31. Juli 2006: Vernissage der Ausstellung *Leather for ever – Zwei Hamburger Fetischkünstler* im *Café Gnosa*. Ausgestellt werden Arbeiten von Günter Henzler und Jürgen Drese (*1940).

9.–14. August 2006: Hamburger Ledertreffen., organisiert von *SPIKE Hamburg e. V.* Das Plakat/Programm-Cover ist spiegelbildlich zu dem des Vorjahrs aufgebaut. Dessen Foto zeigt einen Mann mit behaarter Brustpartie; er trägt eine weit offene Lederweste, Uniformmütze, Lederarmband am linken Arm, der von oben bis unten kunstvoll tätowiert ist. Die linke Hand berührt die Schulter eines Mannes, von dem nur ein kleiner Teil der linken Kopfpartie zu sehen ist. Als Urheber des Fotos wird Kai Rickert angegeben.

2007

8.–13. August 2007: Hamburger Ledertreffen, organisiert von *SPIKE Hamburg e. V.* Der Aufbau des Plakates/Programm-Covers entspricht demjenigen des Jahres 2005. Das Foto, wiederum von Kai Rickert, zeigt den muskulösen tätowierten Arm eines Mannes, der mit der linken Hand einem Ledermann, von dem nur die Lederjacke bis zum Hals zu erkennen ist, in den oberen Brustbereich greift. Der 2004/05 geäußerte Wunsch einer interessanteren Plakatgestaltung ist nicht in Erfüllung gegangen.

2008

6.–11. August 2008: 35. Hamburger Ledertreffen/35 Years The Leatherparty. Donnerstag: Eröffnung im *TOMS* durch *Spike e. V.*; Freitagsparty im *Catonium* (nahe S-Bahnstation Stellingen); Sonnabend: Party der *Satisfucktory* im Bunker (Wendenstraße) und in der *Markthalle* am Hauptbahnhof von *Spike e. V.* Sonntag: Farewell-Party im *Bunker* (Wendenstraße). „Strikte Dresscode-Veranstaltung" von *Spike Hamburg e. V.* Strikter Dresscode bedeutete nicht mehr nur Leder, Gummi/Rubber und Uniform, sondern darüber hinaus auch Worker, Sportswear, Skins, Bären. Es bestand (wie üblich) absolutes Film- und Fotografieverbot. (*Fetisch-Report* 4/2008). Das offizielle Plakat/Programm-Cover greift auf die Tradition des Martin S. Cool zurück: es verwendet postum dessen Collage von 2003; am oberen Rand erscheinen rot unterlegt das Hamburger Wappen und „HAMBURG", darunter dann der Schriftzug: „35 years The Leatherparty 2008".

8. August 2008: *AGS@S. L. U. T. Club Hamburg. Oi Skin!* Strikte Dresscode-Veranstaltung. „Die internationale Gay Skinhead Nacht zum Ledertreffen mit Unterstützung der Amsterdam Gay Skinheads. Dresscode: Skinhead Outfit, Haare max. 3mm (bei Bedarf gibt es einen kostlosen Haarschnitt am Einlass). Eintritt 5,-€. (*Fetisch-Report* 4/2008)

9. August 2008: Hamburg *Satisfucktory*: „Die *Satisfucktory* geht in die dritte Runde. Am 9. August ist es wieder so weit: Geile Männer in engem Leder und Rubber werden in den *Bunker* Wendenstraße kommen". Dort gibt es „Slings, Wetzone [...].dort werden wieder viele leckere Kerle ihr Unwesen treiben". (*Fetisch-Report* 4/2008).

2009

August 2009 bis 2011: Die Hamburger Ledertreffen finden auf der *MS Stubnitz* statt (Sülau, S. 73).

12.–17. August 2009: „The SPIKE® LEATHERPARTY" mit „Boat-Party aboard @ *Motor Ship Stubnitz*, Leather Night @ huge *Catonium*, supporting Program" Hinter den Informationen ist ein mit Harness und Militärmütze versehener nackter behaarter männlicher Körper bis zur Schamgrenze zu sehen. Ein gut gestaltetes Plakat zu einer Veranstaltung für Lederleute.

2010

11.–16. August 2010: Hamburger Ledertreffen auf der *M.S. Stubnitz* und im *Catonium*. Organisator: *SPIKE Hamburg e. V.* Eine Foto-Collage zeigt einen schlanken Ledermann mit nacktem Oberkörper vor einem rostigen Schiffsheck à la „Seelenverkäufer".

„Seit 2010 richtet der *SPIKE Hamburg e.V.* [...] eine Wahl zum *‚Mr. Leather Hamburg'* aus". Der erste Gewinner, David Schneider vom *TOMS*, wird danach zum *German Mr. Leather* gewählt „und vertrat uns [...] in Chicago" (Beran, S. 55).

2011

10.–15. August 2011: „38. Leatherparty Hamburg". Organisator *SPIKE Hamburg e. V.* Das Plakat wird dominiert von einem Schiffsbug mit Hamburger Wappen, einen Bezug zu Leder hat das Bildmotiv nicht. Als Logos sind vorhanden *LFG* (*Leder und Fetisch Company*), *ECMC*, *SPIKE*, *MrChaps*, *erotica Boutique Bizarre*, *RoB* (Herstellung und Vertrieb von Leder- und Fetischkleidung, Amsterdam und Berlin), *recon* (Fetisch-Netzwerk Leder, Bondage, Master & Slave, Welpen & Herrchen, Gummi).

2012

11. Mai bis 6. August 2012: Werkschau mit Fotos von Rüdiger Trautsch in der Ausstellung *Fotografie – Petra Gall – Rüdiger Trautsch* im *Schwulen Museum Berlin*.

16.-20.August 2012: (diesmal fünf Tage) „LEATHERPARTY", organisiert von *SPIKE Hamburg e.V.* (erscheint sehr klein links unten), zehn Logos: *LFG*, *ECMC*, *piG* (Fetish Shop), *RoB*, *Toms Saloon*, *SLUT CLUB*, *contact -Men's Bar*, *Hein & Fiete*, *MRChaps*, *Erotica Boutique Bizarre*. Das Foto des Bildes zeigt einen bärtigen Kopf und Teile des Oberkörpers eines nackten Mannes unter der Dusche. Kein Bezug zur Lederszene.

20. Oktober 2012: „SPIKE ® SATYSFUCKTORY": „ECMC AGM [Annual General Meeting] Sa, 20.10.2012, 22:00H – DOCKS", „Mr. Leather Europe 2012 play & dance – lounge – playground – videoshow – [drei DJ's] – kinky Dresscode – € 10.00". acht Logos: *ECMC*, annual general meeting 19.–21.10.12 Hamburg/Germany, recon, *MRB* (Mister B: Fetishspezialist), *RoB*, *HML* (Fetish-Shop), *MRChaps*, *Ich weiss was ich tu* (iwitt). Im Hintergrund Foto eines muskulösen Mannes mit nacktem Oberkörper, Glatze und Jeanshose. Keinerlei Bezug zu Leder.

FRONT: *The early years – Fotografien von Rüdiger Trautsch*. Ausstellung in der *Seven Star Gallery*, Berlin.

2013

24.–29. Juli 2013: (wieder sechs Tage) „LEATHERPARTY Hamburg/Germany – 40 horny years". Dreizehn Logos: *SPIKE Hamburg e. V.*, *MRChaps*, *erotica Boutique Bizarre*, *SLUT CLUB*, *TOMS SALOON*, *hinnerk*, *Bar Willis*, *Hein & Fiete*, *Ich weiss, was ich tu* (iwitt), *RoB*, *piG*, *LFG*, *ECMC*. Blau-zartgelber Hintergrund des gesamten Plakates/Programm-Covers; auf der rechten Hälfte ein nackter Mann vom Kopf bis zum Po-Ansatz, Tattoo auf der linken Schulter; ein nietenbesetztes Oberarmband ist der einzige Hinweis auf eine Veranstaltung für Lederleute.

Zum 40. Ledertreffen erscheint eine Festschrift unter dem Titel *Heisse Kerle – Steife Brise: Das Buch zu 40 Jahren Hamburger Ledertreffen mit Lach- und Sachgeschichten und jeder Menge Schweinereien*. Verfasser sind Heino Beran, Klaus Braeuer, Peter Sülau.

September 2013: Übergabe des Protokolls der Mitgliederversammlung des *MSC Hamburg e. V.* vom 15. September 2013 mit den Namen des Vorstandes des (neuen) *MSC Hamburg e. V.* an die Vereinsregister-Abteilung beim Amtsgericht Hamburg.

2015

Das Grab von Gerhard Pohl fällt nach Ende der Liegezeit an den Friedhof Stellingen zurück. Die Grablage war UA2 N15 015.

6.–9. August 2015: 42. Ledertreffen des *MSC Hamburg* [in Verbindung mit] BLUF. Programm: Freitag: *Catonium*; Highlight für alle BLUF-Freunde: BLUF-Treffen in der BLUF-Terrasse mit Zigarren-Lounge, Außenbereich und Ausblick! Samstag: *MS Stubnitz*. Boatparty – Hauptabend". Das Plakat zeigt links den Mann im Harness, der schon auf den Plakaten/Programm-Covern von 2003 und 2008 zu sehen war. Vor seiner rechten muskulösen Brust ist der Turm des Michels, rechts auf dem Plakat die *MS Stubnitz* zu sehen, außerdem die Logos des *MHC Hamburg*, von *ECMC*, *Leder und Fetisch Community LFC* und *MS Stubnitz Culture Ark*. Links oben befindet sich das Hamburger Stadtwappen – und vor dem Penis des Mannes auf der linken Seite, gestaltet als Kraftfahr-Nummernschild: „HH. 6.8.2015

2016

8.–18. September 2016: Ausstellung *Rex -Verboten* in *The Ballery*, Berlin, Nollendorfstraße 11.

2017

Anfang März 2017: Vom *MSC Hamburg* organisierte *Mr. Leather Hamburg*-Wahl 2017. Gewinner wird Manuel Zanghi. (*Fetisch-Report* 4/2017).
April 2017: Der *MSC Hamburg e. V.* wird als erster europäischer Club in die *Leather Hall of Fame* aufgenommen auf Veranlassung der Nonprofitorganisation *CLAW* in Cleveland, Ohio. Eine vierköpfige Delegation aus Hamburg nahm an den Feierlichkeiten in den USA teil: Olaf Amter, Harald Kuhn, Uwe Langer, Tobias Wünsch. Grund für die Ehrung durch *CLAW* „ist das langjährige Wirken des *MSC Hamburg e. V.* Der Verein organisiert das älteste Ledertreffen der Welt, auch älter als *IML* in Chicago. Der Verein unterstützte Tom of Finland beim Start seiner Karriere. Die Grafiken von Martin S. Cool, die ursprünglich nur für die Werbung zu diesen Treffen erstellt wurden, sind inzwischen weltberühmt und haben den Stil von Tom of Finland weiterentwickelt. Thomas Karasch vom MSC Hamburg wurde erster *International Mr. Leather* aus Deutschland. Die Partys auf der *Cap San Diego* in den 1990iger Jahren sind legendär. Trotz schlechter Zeiten Anfang der 2000er ist der *MSC Hamburg* heute wieder aktiv". (*Fetisch-Report* 4/2017).
10.–Sonntag, 13. August 2017: *MSC Hamburg e. V.*: The Leatherparty 2017. 44. Ledertreffen. Wellcome-Abend erstmals im *Schuppen 50 A*. Dresscode: Leder, Gummi, Uniform, Worker, Skins oder Bären. Haupttreffen auf der *MS Stubnitz.*

2020

Fotos von Rüdiger Trautsch sind in der Ausstellung *100 Objekte* im Schwulen* Museum Berlin vertreten.

2021

21. Oktober 2021: Tod von Rüdiger Trautsch. Beisetzung am 22. Dezember 2021 auf der Grabstätte *Memento II* auf dem Ohlsdorfer Friedhof in Hamburg.

2023

8. Juni 2023: Gespräch zwischen Harry, Vorsitzendem des MSC Hamburg e. V. seit 2017, und den Ausstellungsmachern im *Café Uhrlaub* an der Langen Reihe in St. Georg über den neuen *MSC Hamburg e. V.*
15. Juni bis 18. September 2013: Ausstellung *Photography as a Way of Life – Rüdiger Trautsch* im *Schwulen* Museum Berlin*. Trautsch gilt als Chronist der schwulen Community, u. a. auch der Lederszene.
3. bis 6. August: Jubiläum 50 Jahre Hamburger Lederparty/Leather Party. Dresscode: Leder, Gummi/Rubber, Uniform, Military, Skin, Fetisch, Pup (https://msc-hamburg.de/de/msc-intro). Programmpunkte: 4. August 2023: *Leather Dinner und Leather Boat Trip*, am 6. August: *Leather Brunch*. Als Partner des *MSC Hamburg e. V.* werden genannt: *Mr Chaps, Café Uhrlaub, SLUT CLUB Hamburg, Hein & Fiete, Extratour Gay Bar, BRUNOS, alphatribe by DARKLANDS*, Orden der Schwestern der Perpetuellen Indulgenz Haus Sankta Melitta Iuvenis, *Mr. Riegillo, Easter Berlin, ECMC, BOXER Barcelona, Leder und Fetisch Community LFG, Hamburg GayBikers, CLAW Nation, LSVD, Aidshilfe Hamburg.* ■

Kunst und Lederszene

Kunst und Lederszene – unweigerlich denken dabei viele zuerst und vor allem an **Tom of Finland** (1920–1991), dessen Geburtsname Touko Laaksonen war: er ist für sie zugleich Vorbild und Maßstab, Anfang und Höhepunkt der künstlerischen Gestaltung der Leder- und S/M-Szene sowie der Maskulinität. Gut vermarktet von der *Tom of Finland-Foundation* in Los Angeles, ist er nahezu allgegenwärtig: in *Tom of Finland Art & Culture Festivals*, in Ausstellungen wie derjenigen in der Berliner *Galerie Judin* im Jahre 2020, in Publikationen und in seinen zahlreichen Epigonen wie (*1955), der 2017 Artist in Residence der *Tom of Finland-Foundation* in Los Angeles gewesen war und 2023 das Poster für das *Tom of Finland Art & Culture Festival* in Berlin (12.–14. Mai) ganz im Sinne und mit einem Ledermann-Kopf à la Tom gestaltet hat.

Aber wie steht es mit **George Quaintance** (1902–1957)? Ist nicht er es, der Darstellungen, wie sie bei Tom of Finland zu finden sind, den Weg geebnet hat?

Ohne Frage ist die „Verpackung" des männlichen Körpers in Leder, Uniform, Jeans, Breeches, Lederstiefeln, T-Shirts, Polo- und Holzfällerhemd ein Kennzeichen der Kunst des Tom of Finland. Aber das, was in dieser Verpackung steckt, wird von Quaintance ähnlich wie bei Tom of Finland gestaltet: als Macho-Mann, muskelbepackt, mit breiter Brustpartie, Waschbrettbauch, bisweilen in engen Jeans, ansonsten aber nackt mit individualisierten, etwas schablonen- oder auch puppenhaften Gesichtern. Insgesamt wirken die Männer, die Quaintance darstellt, eleganter als die des Tom of Finland. Sie sind sogar oft viel nackter als bei Tom. Allerdings beschränkt sich die vollständige Nacktheit der Männer auf den Kunstwerken von Quaintance auf deren Rückenansicht; werden sie von vorn oder von der Seite dargestellt, ist das Genital leicht verhüllt: es ist nicht unsichtbar, aber, hinter Tüll, einem Stück Stoff oder auch Seifenschaum verborgen, eher zu ahnen als zu sehen. Ebenso zeichnet sich bei den Darstellungen von bekleideten Cowboys durch George Quaintance deren männliche Geschlecht in den Jeans ab, allerdings nie in den Dimensionen der üppigen Genitalbeulen, wie sie bei Tom of Finland zu finden sind. Davon abgesehen, dass derartig ausgestellte Genitalien konzeptionell nicht zu den Männerdarstellungen von Quaintance passten, liegt die Ursache in Darstellungsverboten, denn Quaintance lebte „in einer Zeit, als Homosexualität ein Tabuthema war, als seine lebensfrohen Bilder und Fotografien des männlichen Körpers keinen Penis tragen durften, einer Ära vor Stonewall, vor der sexuellen Revolution, vor Aids und bevor es Rechte für Schwule gab" (cw/pm). Quaintance gilt als „der beste Künstler für die ‚männliche Anatomie' in den Vierziger- und Fünfzigerjahren" des 20. Jahrhunderts und habe mit seiner „hochkitschigen Erotikkunst am Rande der Legalität" gearbeitet und gestanden (cw/pm; zu Quaintance siehe weiterhin: in het Panhuis; queerguru; Elisa Rolle; Martin Schneider, *Move over, Tom of Finland, George Quaintance is the gayest artist of them all*; die deutsch- und englischsprachigen Wikipedia-Artikel *George Quaintance*.)

Tom of Finland war mit dem Werk von Quaintance vertraut; es ist davon auszugehen, dass er dessen elf Cover des US-amerikanischen Magazins *Your Physique* der 1940er und 1950er-Jahre sowie seine Bilder in anderen Muskelmänner/Bizeps-Zeitschriften (*Beefcake-Magazines*) kannte. Gerhard Pohl zufolge war Tom of Finland einer der „ glühendsten Verehrer" des amerikanischen Künstlers, „durch ihn fühlte er sich zu eigenen Versuchen angespornt". (*Tom of Finland special* in *him* 5/1976, S. 12). Und so ist nicht allzu erstaunlich, dass die antikisierende Ausgestaltung der Badelandschaft des Hamburger Clubs Uhlenhorst durch Tom of Finland (siehe Judin/Karstens S. 60–63) den Bildern *Baths of Ancient Rome* (1956) und *Spartan Soldiers Bathing* (1956) von George Quaintance ähnelt (siehe Elisa Rolle: *George Quaintance: A pioneer of male physique painting*, 4 of 6).

Wenn George Quaintance der „gayest“ Künstler war, wie Martin Schneider meint, dann ist Tom of Finland als Künstler, „der in seinen Zeichnungen den amerikanischen Bodybuilding-Kult mit dem Fetisch Leder“ verband (HHaaW, S. 203), der geilste, ungehobeltste und lederaffinste (the most horny, most randy and most leather affine artist). Im Unterschied zu Quaintance sind die von Tom of Finland gestalteten Männer überdimensioniert, bisweilen unproportioniert, was die Größe seiner Männer, deren massige Bizeps und Muskelstränge, ihre mächtigen bis monströsen Penisse und Hoden anbelangt. Wenige dieser Männer wirken elegant wie *The Loggers II* von 1975, *Aarno* (1976) oder *Cap* (1977), alle anderen sind weit weg von der Geschmeidigkeit des männlichen Körpers, den Quaintance gestaltet, z. B. auf den Bildern *Kanaka Fisherman* (1940, bzw. 1949), *Dashing* (1951), *In the Arms of Morpheus* (1951), *Pyramid Builders* (1952), *Rainbow Falls* (1954), *Coral Reef* und *Sunlit Depths* (beide 1956 – im Unterschied zu Tom of Finland, *The Loggers XX* von 1975), *Island Boy* (1957), wobei Quaintance, abhängig vom Thema seiner Bilder, durchaus Muskelmänner gestalten konnte, die denen von Tom of Finland nicht nachstehen, wie *Egyptian Wrestlers* (1952), *Point Loma* (1952), *Preludio* (1973) oder *Primitive Man* (1953), allerdings immer unter Wahrung von Maß und Form. Ich bin überzeugt, dass Quaintance dies beibehalten hätte, wäre es seinerzeit in den USA erlaubt gewesen, auf Kunstwerken, die öffentlich zugänglich waren und in Printmedien verbreitet wurden, das männliche Genital nicht nur anzudeuten, sondern unverhüllt darzustellen – Dezenz statt monströse Ausmaße.

Quaintance ist als wichtiger Wegbereiter schwuler Kunst im 20. Jahrhundert nicht vergessen, doch spielt er in der heutigen schwulen Fetischszene keine Rolle. Denn wer nackte muskulöse Männer und solche in knappsitzenden Jeans liebt, kommt bei dem jüngeren Tom of Finland, der seinen sexuellen Phantasien künstlerisch freien Lauf lassen konnte, viel mehr auf seine Kosten. Die Faszination des Bildwerks des Tom of Finland beruht nicht nur auf der Gestaltung des „echten“ Mannes als Macho und Muskelprotz, sondern vor allem auf der Ausstattung dieser Männer mit mächtigen Penissen und prallgefüllten Hodensäcken. Diese Männer – einzeln, zu zweit oder in einer Gruppe, nackt, halbnackt, spärlich oder voll bekleidet – zeigen stolz (sei es nackt, sei es sich in der Kleidung abzeichnend) ihre Genitalien und ihre ausmodellierten Gesäße/Ärsche und das, was sie damit alles anfangen können. Die Bekleidung der Männer auf den Zeichnungen und Gouachen des Tom of Finland variiert, doch beschränkt sie sich im Wesentlichen auf Ledermontur, Uniformen, Jeans/Breeches, Polohemden/T-Shirts, Mützen Helme, Käppis, Lederstiefel, Stulpenhandschuhe und passende Accessoires. Wer zur schwulen Lederszene gehörte, kam und kommt bei Tom of Finland (anders als bei George Quaintance) auf seine Kosten, empfand und empfindet beispielsweise den auf vielen Zeichnungen wiederkehrenden *Motorradfahrer On the Bike* (1973) oder *Cap* (1977) als ikonographisch; und ihn stört nicht, dass sich Früh- und Spätwerk des Tom of Finland nur wenig unterscheiden. Denn der Finne hält seine „Masche“ bei, ist eher statisch, arbeitet nicht nach dem Grundsatz, dass Kunst Bewegung sei und sich ständig ändere.

Doch ist Tom of Finland nicht ausschließlich Lederfetischist. Von 75 Abbildungen im Katalog *Made in Germany: Tom of Finland*, die ich ausgewertet habe, dominiert Leder auf zwölf Bildern, ist Leder auf elf weiteren vorhanden, spielt es auf 28 nur eine geringe Rolle und fehlt auf 24 Abbildungen. In Dian Hansons Buch *Cops & Robbers* kommen bei 20 Bildern und Bildergeschichten drei ohne und neun mit wenig Leder aus. Bei mehrseitigen Bildergeschichten fällt auf, dass Leder zwar farblich dominiert, quantitativ aber nicht vorherrscht. Das Auge des Betrachters fällt auf Leder, auf die schwarzen Flächen und nicht auf die zahlreich zu sehenden hellen Jeans. Dies liegt an der perfekten Strichelkunst des Finnen, die schwarzes Leder (und andere schwarze Flächen wie dunkelhäutige Körper, schwarze Pullover oder Westen) hervorragend zu gestalten vermag, so dass es glänzt und leuchtet und alles, was heller ist, überstrahlt.

Weniger Wert als auf die Lederkleidung, die Genitalien und die Darstellung sexueller Handlungen bis hin zu gewaltig spritzenden Orgasmen zwischen den dargestellten (oft aus den Fugen geratenen und unproportionierten) Phantasiemännern legt Tom of Finland auf deren Köpfe, die bisweilen im Verhältnis zur Gesamtgröße des Mannes recht klein geraten. Sie entsprechen generell Typen: hellhaarig mit Haartolle, dunkelhaarig, vollbärtig (sorgfältig getrimmt), mit oder ohne Oberlippenbart / Schnurrbart, mit oder ohne Koteletten, die Augen sichtbar, von einer Sonnenbrille, vom Schirm der Uniformmütze verdeckt, halb verdeckt, nicht verdeckt, ohne Kopfbedeckung, mit Militärmütze, Helm, Käppi oder Matrosenmütze. Die Arbeit mit einer übersichtlichen Zahl Typen und Versatzstücken resultiert daraus, dass Tom of Finland Männer seiner Phantasie entsprechend zeichnete und nicht als reale, individuelle reale Personen fotografierte. (Allerdings gibt es auch Porträtzeichnungen wie die der Sammler Harald Tangermann, Peter Daun und Ulrich Jungen). Doch kann man den Eindruck gewinnen, als seien Köpfe bei Männern, die miteinander Sex haben, für den Künstler zwar zeichnerisch notwendiges Zubehör einer Person, mehr aber auch nicht.

Ähnlich schablonenhaft arbeitet Tom of Finland mit der Gestaltung der gut in den Jeans oder Lederhosen sichtbaren mächtigen Genitalien: das eine Mal liegen/ruhen sie mehr oder weniger erigiert auf dem rechten, ein anderes Mal auf dem linken Oberschenkel oder bilden in der Mitte des Unterkörpers in der Hose eine dicke Genitalbeule. Die Eichel der zahlreichen erigierten Penisse liegt grundsätzlich frei. Ist das Werk des Tom of Finland Leder- oder eher Schwanzkunst oder doch nur künstlerisch gestaltete Pornographie und somit erotische Gebrauchskunst? Für jeden dieser Begriffe spricht eine Reihe Gründe.

Auffällig ist überdies, dass die von Tom of Finland dargestellten Männer auf vielen Zeichnungen nicht miteinander kommunizieren oder Interaktionen zeigen, und wie oft sie beim Sex keine Miene verziehen und nicht auf den/die Partner, sondern auf den Betrachter oder ins Leere schauen.

Warum lieben viele schwule Männer gerade die Machomänner des Tom of Finland? Sind es Wunschträume von Männern, die vom eigenen Aussehen oft wenig mit den nicht nur gut-, sondern extrembestückten Machotypen oder den groß- und gutgewachsenen Adonissen verbindet, einem Tom-of-Finland-Typ zu begegnen und mit ihm Sex zu haben? Werden sie angezogen von den nicht festgelegten Rollen beim oft sadomasochistisch geprägten sexuellen Spiel, wie es Tom of Finland gestaltet, wo in ein und derselben Bildergeschichte jeder Protagonist sowohl „top“ als auch „bottom“ sein kann (Bespiel: *Kake in the Wild West*, 1982 oder *Kake in Canada*, 1984)? Die allermeisten Bewunderer der Kunst des Tom of Finland würden Sex mit einem von dessen Machotypen vermutlich nicht genießen, weil Mund und After deren Penisse nicht umfassen oder aufnehmen können.

Die Machomänner des Tom of Finland tragen nicht nur Lederkluft, was sie mit der nordamerikanischen Motorcyklekultur verbindet, sondern auch Holzfäller-Arbeitskleidung und häufig Uniform (California Highway Patrolmotorcyclists, Royal Canadian Mounted Police, deutsche Wehrmachtsuniform). Warum gerade Uniformen? Was symbolisieren sie? Autorität ist im sadomasochistischen Spiel, das Tom of Finland darstellt, kaum von Nöten, sind die Top/Bottom-Rollen doch austauschbar. Sind Uniformen also „einfach nur schick“? Wenn davon auszugehen ist, dass für Tom of Finland die deutsche Wehrmachtsuniform nur eine „geile“, faszinierende Kleidung ohne ideologisch-politische Konnotation war, so war und ist für Außenstehende dieses Faszinosum für Uniformen, namentlich die Wehrmachtsuniform, ein Problem und nicht leicht zu akzeptieren. Politisch kann sie mit rechter Gesinnung einhergehen, doch ist dies in der Version des Tom of Finland mit eindeutig homosexueller Formensprache und schwulem Inhalt eher unwahrscheinlich, auch wenn es schwule Rechtsradikale gibt. Die schwulen Ledertreffen sind und waren Sex- und keine Neonazitreffen. Was dort geschieht, hätte während der NS-Zeit alle Beteiligte in Zuchthäuser und Konzentrationslager gebracht.

Ob Tom of Finland ein großer Künstler war, sei dahingestellt. Auf dem Kunstmarkt erzielen seine Werke hohe Preise – ob aus Kunstverständnis oder andersgearteter Popularität bei (schwulen) Käufern, ist fraglich. Kann Liebe durch den Magen gehen, dann auch Kunstgeschmack über den Schwanz. Ein befreundeter Künstler antwortete mir: Tom of Finland habe etwas geschaffen, „was weder Kunst ist noch den Anspruch darauf erhoben hat, Kunst zu sein. Die Kunstfertigkeit seiner Arbeiten ist damit nicht weniger wert. Dass seine Arbeiten [heute] hoch gehandelt werden, macht sie immer noch nicht automatisch zu Kunstwerken. Aber, und das scheint mir ein gültiges Ausschluss-Kriterium zu sein, ihnen fehlt es an Hintergrund und Geheimnis. Sie haben einen eigenen Stil entwickelt wie Pop-Musik. Vielleicht lassen sich seine Arbeiten in dieser Ecke, der Populär-‚Kunst' einordnen. Sie mögen erregend sein, aber auf mich wirken sie doch auch monoton. Es sind virile Puppen, die ihre Positionen wechseln" (I. B. an Gottfried Lorenz)..

George Quaintance und Tom of Finland prägten entscheidend die schwule Ästhetik und die Entwicklung der schwulen Kuns insbesondere im Fetischbereich. Ein anderes wichtiges Vorbild, namentlich auch für Tom of Finland und Gerhard Pohl, war die heroische Darstellung des nackten Mannes, die etwa **Hugo Lederers** (1871–1949) ausgesprochen „schwul" wirkenden acht Sockelreliefs des Hamburger Bismarckdenkmals aus dem Jahr 1908 und die spätere faschistische Ästhetik auszeichnet; zu denken ist beispielsweise an die Bildhauer **Arno Breker** (1900–1991) und Josef Thorak oder an die Filmregisseurin und Fotografin Leni Riefenstahl (**1902–2003**). Diese Ästhetik faszinierte auch den deutschen Bewunderer und Freund von Tom of Finland und Hamburger Fotografen Gerhard (Gerd) Pohl. Interessant in diesem Zusammenhang ist auch der anekdotische Bericht von François Maher Presley, dem Biographen des „Ledermanns" Hans Eppendorfer, wonach dieser unbedingt eine Ausstellung mit Werken von Arno Breker in der schwulen Buch- und Kunsthandlung *Galerie Janssen* in der Pariser Straße 45 im damaligen West-Berlin besuchen wollte und Maher nötigte, mitzukommen (S. 136).

Erotische Lederkunst/Erotic Leather Art ist nicht nur Tom of Finland, auch wenn er als deren Prototyp gilt.

Sobald der Hamburger **Gerhard (Gerd) Pohl** (1931–1993) (seit seiner Schulzeit begeisterter Fotograf, darüber hinaus schwul und mit Hilfe britischer Besatzungssoldaten Sammler männlicher Aktdarstellungen) die Zeichnungen von Tom of Finland kennen gelernt hatte, geriet er in deren Bann, freundete sich mit dem Künstler an, förderte ihn nach Kräften und setzte ihn in der Bundesrepublik Deutschland durch: *Made in Germany: Tom of Finland*, wie der Titel des Katalogs von Judin und Karstens zur Berliner Tom of Finland-Ausstellung im Jahre 2020 lautet.

Pohls photographisches Werk umfasst zwei verschiedene Bereiche: den des professionellen Werbefotografen und seine davon getrennte Leder-S/M-Fetischfotografie. Das private fotographische Werk Pohls ist künstlerisch von Tom of Finland unabhängig. Es spiegelt Toms Besessenheit/Obsession von Leder wider, geht jedoch über Tom hinaus bei der Darstellung sadomasochistischer Praktiken: „Men in leather, dudes flashing their cat o'nine tails, guys in compromising positions, handcuffed, chained, bound, this ist he context which fascinates West German photographer Gerhard Pohl" (*The Photo Vision of Gerhard Pohl*. In: *NUMBERS*, April 1982, S. 13–15, im Anschluss an die Ausstellung *SMart ONE* 1981 in der Leslie Lohman Gallery in New, York. Depositum Gerd Pohl im *Schwulen* Museum Berlin*)

Es fällt auf, wie ähnlich sich Ledermänner von Pohl und Tom of Finland sehen können. Toms Strichelkunst schafft es, Leder fast so aussehen zu lassen, als sei es fotografiert (z. B. Cap, Judin/Karstens S. 24 f.). Allerdings sind die Standardgesichter Toms makellos, während die Gesichter der Männer auf Pohls Fotos lebendig sind und Mängel, Falten, Poren, Verwachsungen, widerspens-

Gerhard Pohl: *Die Ledermaus (Selbstbildnis)*, 70er-Jahre

tige Haare zeigen (z. B. Gesicht mit Militärmütze, links Ohrring mit zwei Stiefeln, Depositum Gerd Pohl im *Schwulen* Museum Berlin*).

Auch wenn Pohl behauptete, „I do not have any special recipe for my photographic work", betont er: „I do my own black and white developing and printing". Er liebe es, mit aller Art fotografischem Material und Ausrüstung zu experimentieren und Erfahrungen zu sammeln. Alle Fotoaufnahmen würden vorab sorgfältig geplant, und es werde viel Zeit auf die Entwicklung des Films und die Erstellung des Fotos verwendet (siehe *The Photo Vision of Gerhard Pohl* in *NUMBERS*, April 1982 sowie Gerhard Pohls biographische Notizen für die Ausstellung *SMart One* in New York im Jahr 1981 und die Information der Galerie *Leslie Lohman* zu dieser Ausstellung. Das gesamte Material befindet sich im Depositum Gerd Pohl im *Schwulen* Museum* in Berlin). So sind die Fotos seiner Ausstellung in New York und San Francisco alles dafür erstellte Handabzüge Pohls (Informationsblatt des Schwulen Museums zur Gerhard Pohl-Ausstellung 1999). Im Übrigen verbindet die Vorliebe für die Schwarz-Weiß-Gestaltung ihrer Werke wiederum Gerhard Pohl mit Tom of Finland.

Je länger man das Werk von Tom of Finland und Gerhard Pohl betrachtet, fällt ein gravierender Unterschied auf: Die von Tom of Finland gestalteten (Standard-) Männer wirken freundlich, gleichgültig ob sie keine, wenige oder viele Gefühlsregungen zeigen, ob sie miteinander kommunizieren oder nicht. Denn Toms sexpositive Kunst ist mit einer Prise Ironie oder Humor versehen, ist sexuelles Spiel – so martialisch, hypermaskulin und brutal aussieht, was die Phantasie des Künstlers hervorgebracht hat. Wie weit geöffnet Tom of Finland auch den After eines Mannes gestaltet hat, passt doch kaum einer der von ihm gezeichneten Penisse hinein! Vielleicht ist dies auch ein Grund für die Nachwirkung Toms, von ihm selbst 1984 eingeleitet mit der Gründung der *Tom-of-Finland-Foundation* mit Sitz in Los Angeles, die sich u. a. der Förderung erotischer Kunst verschrieben hat, für die erfolgreiche Vermarktung seiner Kunst und die Zweitverwertung auf ungezählten Merchandise-Artikeln und weswegen Toms Werk zahlreiche Nachahmer gefunden hat bis hin zu den gut gezeichneten Karikaturen *Musti ja Musti* (Schwarz und Schwarz) – Hunde und Katzen in fein gestricheltem Lederfell mit Militärmütze und Matrosenkäppi sowie der Bezeichnung TOM am Käppi oder auf dem Fell, ohne primäre Geschlechtsorgane, wenn auch mit

Gerhard Pohl: *José II* (1970)

Gerhard Pohl: *Devoted/hingegeben/untertan* (1970)

Freunde, Liebhaber: er fotografiert sie alle. Aber unter einer Bedingung. Dass sie hart und verschlossen sind" (Qu'ils aient des gueules de glace). An anderer Stelle heißt es, dass Pohls Blick auf die Lederszene anständig/salonfähig (d. h. in diesem Zusammenhang wohl „nicht-pornographisch"), distanziert und typisch norddeutsch sei (En ce qui concerne le style personel de Gerhard Pohl, on se trouve devant une vision très clean et distanciée de la scène cuir. Il s'agit là, certainement, du reflet exact de ce comportement réservé, certains diront ‚glacial', cette raideur caractéristique des Allemands du Nord. Un comportement propre à Hambourg, l'orgueilleuse ville hanséatique. Les mecs n'y ont pas leur pareil pour vous mettre mal à l'aise dans vos bottes. Archétypes du ‚maître'".

präsenten Hunde- bzw. Katzenschwänzen mit Signalwirkung (siehe mize).

Dies alles gibt es bei Gerhard Pohl nicht. Schon wenige Jahre nach seinem Tod musste er „neu entdeckt" werden (s. u.), obwohl er vielleicht der größere Künstler war. Eine Gerhard-Pohl-Briefmarke wird es wohl nie geben, seine Grabstatte auf dem Friedhof in Hamburg-Stellingen ist längst aufgelassen.

Bei Pohl sind die Gesichter der fotografierten Männer zumeist ausgesprochen ernst, wenn sie überhaupt abgelichtet worden sind, denn vielfach ist für Pohl nur der nackte oder halbnackte Körper mit Accessoires der S/M-Szene von Interesse. Deutlich wird an seinen Aufnahmen, dass es für Modelle eine anstrengende Arbeit ist, fotografiert zu werden (und wohl auch für den Fotografen). Ralf Marsault schreibt in seinem Artikel *Les vrais mâles de Hambourg* (Die wahren/echten Hamburger Männer) von 1985: „Berufsmodelle,

Vierzehn Jahre später heißt es in einem Informationsblatt des *Schwulen* Museums Berlin* im Zusammenhang mit der Retrospektive des Werks von Gerhard Pohl im Jahre 1999: „Pohls Obsessionen kreisen um Leder, Sadismus und Masochismus. Seine großformatigen und beim Vergrößern zusätzlich beleuchteten Schwarzweiß-Abzüge entfalten eine erotische Kraft, die für den Entstehungszeitraum ungewöhnlich ist. Der besondere Reiz seiner Arbeiten ergibt sich aus der Tiefenschärfe , die die Objekte seiner Begierde fast abstrahiert. Der Betrachter wird mit schwulen Wunschbildern konfrontiert, die in ihrer theatralischen Inszenierung ganz selbstverständlich erscheinen. Momente der Unterwerfung sind in strenge Tableaus gebannt oder kommen frech als plakative Werbung einher". Ein paar Zeilen weiter heißt es: „ Seine Videoarbeiten sind pornographisch. Wir zeigen [...] frühe Filme aus den [19]70er Jahren, die besonders durch ungewöhnliche Schnitte, Kamerastandpunkte und den ironischen Einsatz von Musik [u. a. Beethovens *„Eroica"*] bestechen. Gezeigt wird alles, was in der Zeit vor Aids in New York, im Mekka der Schwulen, getrieben wurde, und das hat viele schockiert. Wir weisen darauf hin, daß diese Arbeiten nicht jugendfrei sind" – was deren Einordnung als Pornographie nicht zwingend macht, Schon deren experimenteller Charakter wirft in dieser Hinsicht Fragezeichen auf. Da der Verfasser diese Filme nicht kennt, hat er sich keine eigene Meinung bilden können.

Während 1981 die Ausstellung *SMart One*, eine Retrospektive des fotographischen Werks von Gerhard Pohl zwischen 1966 bis 1981, in der New Yorker *Leslie Lohman Gallery* (und 1982 in San Francisco) den Höhepunkt seiner künstlerischen Karriere darstellt, galt schon wenige Jahre nach Pohls Tod im Jahre 1993 sein Werk als verschollen, bis Pohls Nachlass bei dessen Lebensgefährten Lars Borgen in Dänemark entdeckt wurde und 1999 in der Ausstellung *Gerhard Pohl: Fetisch Leder. Fotografie 1966 – 1981* im Berliner *Schwulen Museum* (damals noch am Mehringdamm) gezeigt werden konnte. Auf Borgs englischsprachiger Liste werden zwanzig Positionen mit Entstehungsjahr und Verkaufspreis genannt. Für sechs Fotos ist kein Entstehungsdatum angegeben, drei stammen aus dem Jahr 1970; zwei sind 1972, je eines 1975, 1976 und 1978 sowie sechs im Jahr 1981 entstanden. Die Preise betrugen pro Foto 450,- DM (5), 500,- DM (10), 550,- DM (4), 600,- DM (1).

Ausgestellt wurden (Übersetzung des englischen Textes):

Pleasure Chest/Lusthöhle (1981): Ein maskierter bärtiger Mann mit Nippelklemmen befindet sich in einer Truhe zusammen mit Dildos, Ketten, Peitschen, Handschellen usw.

Gerhard Pohl: *Tongues/Zungen* (1981)

Peter (1978): Junger Mann mit Ledermütze, Halsband mit Ketten um seinen feuchten nackten Rücken und Arsch/Gesäß mit Lederhandschuhen, Lederhose und Lederstiefeln, auf dem Boden kniend, dicke Ketten haltend; von hinten betrachtet.

Tongues/Zungen (1981): Zwei maskierte bärtige Männer lecken/berühren ihre Zungen; der Master hält mit seiner lederbekleideten Faust eine Kette fest, die von der Metallöse der Halskette um den mit Lederfessel versehenen Nacken des Sklaven führt.

Jerome II (1972): Master mit Ledermütze und Leder-

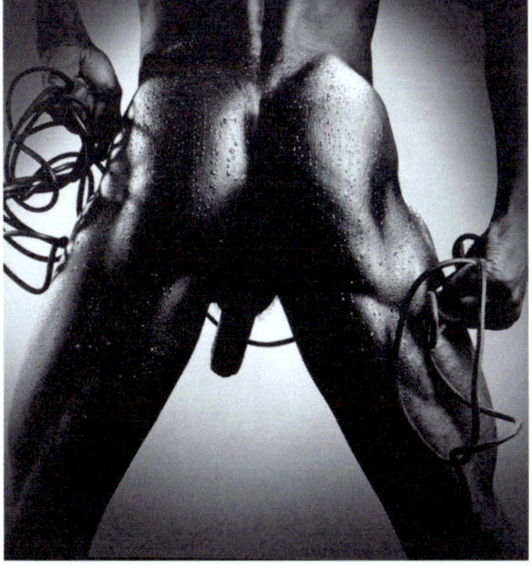

Gerhard Pohl: *Strap/Riemen/Gurt* (1972)

Gerhard Pohl: *Day and Night/Tag und Nacht* (1981)

Gerhard Pohl: *Peter* (1978)

Gerhard Pohl: *Jerome II* (1972)

chaps mit einer Peitsche in der rechten Hand, bereit zum ersten Schlag...

Boot Lover/Stiefelliebhaber (1981): Stiefelsklave auf dem Boden liegend, die Augen verbunden, die Stiefelsohlen seines Meisters leckend. (Die Person ist Gerhard Pohl, und der Stiefel ist sein Lieblingsstiefel.)

Toys/Sexspielzeug (1981): Zwei weiße Männer mitten im Sexspiel, der Finger des einen im After des anderen. Auf einem großen Lederlaken, geölt und bedeckt mit dem wichtigsten Sexspielzeug: Dildo, Peitsche, Crisco, Nippelklemmen – was immer man sich vorstellen kann.

Chaps (1976): Der Master in Lederchaps mit weit gespreizten Beinen von hinten gesehen und unter ihm die behaarte Brust seines Sklaven mit den muskulösen und schwarz behaarten Armen um den Oberschenkel seines Masters (den Mund voll. Stell dir das vor!)

Devoted/hingegeben/untertan (1970): Der angekettete Sklave kniet auf dem Boden, fotografiert/betrachtet durch die weit gespreizten nackten Beine des Masters in Stiefeln, der in seiner rechten Hand eine zum Schlag bereite Peitsche hält...

Strap/Riemen/Gurt (1972): Der Master hält Lederstrings/Ledertangas in seinen Händen. Seine muskulösen Beine sind weit gespreizt und von hinten zu sehen, wo sein feucht schimmernder Po und sein Schwanz visuelles Vergnügen bereiten.

Earring/Ohrring (1970): Nahaufnahme des Ohres eines bärtigen Mannes. Das Ohr ist durchbohrt mit dem Lieblingsspielzeug des Mannes, einem Ring mit einem daran baumelnden Miniaturstiefel, Zeichen/Symbol seiner intimen Wünsche.

José II (1970): Gesicht des Stiefelliebhabers im Profil. Bärtig, mittleren Alters, gekennzeichnet durch eine bis zur Nasenmitte reichende Ledermütze. Vielleicht dein Traum vom Gesicht eines Masters?

Bernd (1981): Ein bärtiger Sklave mit einer Python/Schlange (gehalten von seinem Master), die Augen verdeckt. Es scheint ihm zu gefallen/Er scheint es zu mögen!

Ohne Titel oder Stiefelliebhaber II (Entstehungsjahr unbekannt): Ich konnte das korrekte Blatt nicht finden, und so habe ich das meines Lieblingsfotos hinzugefügt, obwohl es unglücklicherweise weder signiert noch nummeriert ist. Ein Macho–Mann umarmt die berühmten/bekannten Deutschen Motorrad-Polizeistiefel (German MC-Police Boots).

Day and Night/Tag und Nacht (1981): Zwei Profile ein- und desselben Kopfes und Oberkörpers – behutsam in eine einheitliche Figur übergehend, Hals an Hals/Nacken an Nacken. Die

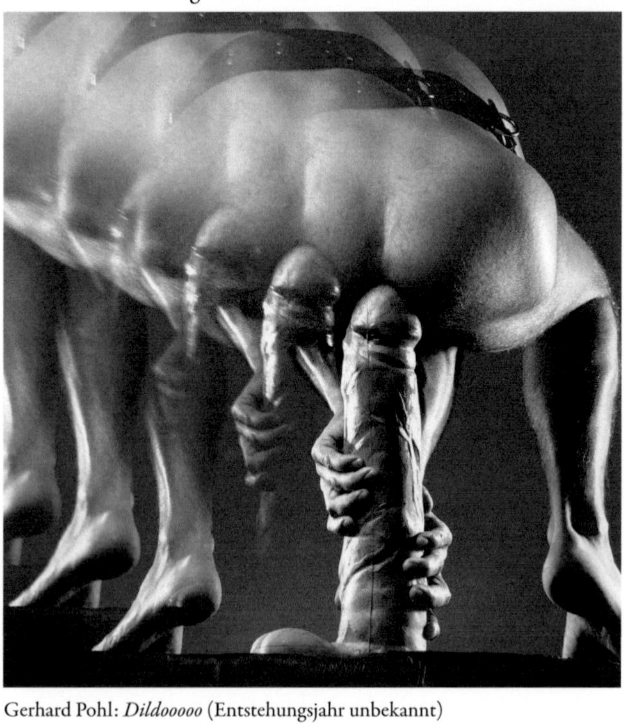

Gerhard Pohl: *Dildooooo* (Entstehungsjahr unbekannt)

Gerhard Pohl: *Chaps* (1976)

linke [Hälfte] als Person des Tages in Anzug und mit Krawatte, die rechte als nächtlicher Lederhengst. Ein wahres Meisterwerk in der Sammlung von Gerhard Pohls SMart-ONE-Fotos.

Andy II (1975): Noch nicht wach; er liegt auf einer kalten harten Unterlage auf dem Bauch. Die Arme über dem Kopf zeigen seine tätowierten Oberarme, auf dem linken ein Adler, auf dem rechten ein Panther und darüber sein Name Andy. Er hält eine schwere Kette, als ob das S/M-Erlebnis/Abenteuer noch bevorstünde/auf ihn wartete.

Macho I (Entstehungsjahr unbekannt): Nordeuropäischer Typ, Kopf und Oberkörper, den Betrachter anschauend, mit festem Griff an der Kette um den Hals.

Macho II (Entstehungsjahr unbekannt): Nordeuropäische Typ, Kopf und Oberkörper; fotografiert von einer Position hinter den Schultern des Mannes mit Lederjacke, der den Betrachter direkt anschaut. Seine rechte Hand ist zur Faust geballt und in einer Position, als ob sie dem Betrachter einen Schlag versetzen wolle. Wage es, ihm in die Augen zu sehen!

Norbert (Entstehungsjahr unbekannt): Sklave in Stiefeln in einem Garten, in eine Position mit weit gespreizten Beinen befohlen, die es ihm unmöglich macht, sich bequem zu bewegen. Schwere Ketten um den Hals, sein ganzer Köper zu deiner Verfügung, sein Schwanz beginnt steif zu werden, wartend auf...

Keys/Schlüssel (Entstehungsjahr unbekannt): Nahaufnahme von Schlüsseln an einem Ring, befestigt an dem Nietengürtel einer Lederhose. Dein Zugang zu einer geheimnisvollen/verborgenen Leder-S/M-Welt, wenn du das möchtest/willst.

Dildooooo (Entstehungsjahr unbekannt): Der Arsch eines Sklaven, bereit zu einer harten/intensiven Sitzung auf einem großen Dildo; die Hände des Mannes /Sklaven umfassen das stattliche Format des Dildos. Wünschtest du, die Stelle des Sklaven einzunehmen?

Gerhard Pohls Mitstreiter der ersten Stunde bei Gründung und Etablierung des MSC Hamburg war der Grafiker **Günter Henzler**, der bis einschließlich 2004 die Plakate bzw. Programm-Cover der jährlichen Ledertreffen gestaltete und das Logo des MSC Hamburg, einen Lederstiefel mit Ledergürtel und der Aufschrift MSC HAMBURG in Majuskeln/Großbuchstaben, geschaffen hatte (siehe zu den Plakaten Henzlers Beran/Braeuer/Sülau S. 56–67).

Günter Henzler (1923–2005), um 1995

Henzlers Plakate sind Collagen aus eigenen Zeichnungen und Fotos, die er selbst oder andere gemacht hatten, Logos (zumeist ECMC und MSC Hamburg) sowie häufig recht umfangreichen Informationstexten, die (ausgenommen 1980, 1981, 1983) ausschließlich englischsprachig sind. Die Bezeichnung der Veranstaltung schwankt zwischen „Internationales Ledertreffen" (1980, 1981, 1983), „International Leather-Party" (1976) bzw. „Leatherparty" (1991), „International Leather-Meeting" (1977, 1982), bzw. „Leather-Meeting" (1979) oder „Leathermeeting" (1984), „Europe's Leatherparty Number One" (1985) bzw. „No. 1" (1986, 1989), „Mr. Europe Leather" (1987), „Europe's Leatherparty „(1988), Leatherparty '90 in Hamburg (1990) und „The Leatherparty '[abgekürzte Jahreszahl von] [19]92 bis [20]04".

Zur Illustration seiner Plakate/Programm-Cover griff Henzler für 1985 bis 1988 sowie vermutlich 1983 auf Fotos von Gerhard Pohl zurück; das Plakat von 1984 zeigt die berühmte ikonographische Zeichnung Cap von Tom of Finland aus dem Jahr 1977. Die Männerdarstellungen der übrigen Plakate bis einschließlich 2004 stammen von Henzler (= Martin S. Cool). Zwei dieser Männer bewegen sich scheinbar außerhalb eines schwarz umrandeten Rahmens – der eine (1986) mit den Händen in Stulpenhandschuhen und einem Gürtel oder Harness-Teil in der rechten Hand, der andere (1989) mit dem rechten Oberschenkel und dem Penis.

Bei seinen Zeichnungen steht Henzler künstlerisch – nicht als Plagiator, aber doch deutlich erkennbar – in der Tradition von Tom of Finland. Eigenständiger ist Henzler in der Gestaltung der Gesichter der von im gezeichneten Männer: diese sind vielfach individueller und lebendiger als bei den Standardtypen Toms (z. B. 1979, 1990, 1993, 1995–1999). Auch fehlt bei Henzler die pornographische Note Toms, was vermutlich damit zusammenhängt, dass Plakate und Programme öffentlich ausgehängt und ausgelegt werden. In einem Gespräch mit Bernhard Rosenkranz am 28. Juni 2004 (*HHaaW* S. 208 f.) führte Henz-

Günter Henzler: Plakat *Leatherparty 1986*

Günter Henzler: Plakat *Leatherparty 1989*

Günter Henzler: Plakat *Leatherparty 1991*

ler u. a. aus: „Ich habe mich auch an Tom of Finlands Zeichnungen orientiert, der mit Gerhard Pohl befreundet war. Ich habe aber von Anfang an versucht, mich von seinem Stil abzusetzen. Ich fand, dass er immer denselben Typ zeichnete. Ich bemühte mich immer, Männer mit individuellen Gesichtern zu entwickeln und legte großen Wert auf wechselnde Physiognomien. [...] Ich habe mir Gesichter vorgestellt, die meinen Idealen entsprechen. Die Mütze oder Lederjacke drapierte ich auf einem Stuhl. In der Fantasie habe ich die Traummänner zusammengesetzt. Das Echo war immer sehr gut. Die Plakate haben sich immer positiv von denen anderer Clubs unterschieden. Im Laufe der Zeit bekam ich auch Aufträge aus der Hamburger Lederszene und einem Ledergeschäft in New York. Das Chaps, das Black und Mr. Chaps Leatherworks warben mit meinen Ledermännern". Ausführlicher hatte sich Henzler neunzehn Jahre früher geäußert: In Georg Oswalds Artikel *Martins coole Männer* (*hinnerk* 8/1995, S. 4–6) heißt es: „Geändert hat sich [...] sein Stil. Während sein ‚Strich' anfangs eher andeutend und summarisch war, wurden die Blätter in den letzten Jahren immer perfekter, immer ausgefeilter, immer realistischer. Dabei sind die Gesichter der Typen, die Martin zeichnete, reine Phantasieprodukte, Erfindungen und nicht nach Vorlagen oder Modellen gezeichnet. ‚Tom of Finland ist für mich kein besonderes Vorbild' , meint er, ‚denn der hat immer Standard-Typen gezeigt. Ich habe mich dagegen immer bemüht, sehr individuelle Gesichter zu zeichnen. Ich lege großen Wert auf wechselnde Physiognomien'. Insgesamt setzen die Zeichnungen sich oft aus verschiedenen Quellen zusammen: ein erfundenes Gesicht kann auf diese weise mit einer nach einem Foto versehenen Jacke versehen werden, während die Kappe, die der Traummann trägt, vor dem Zeichner auf einem Stuhl lag und von ihm direkt ‚aus dem Leben' zu Papier gebracht wurde. Die Fotos helfen natürlich, realistische Effekte zu erzielen', erklärt der Zeichner aus Leidenschaft. Der Output ist dabei eher klein. ‚Allein die Schraffur hält sehr lange auf. Bei der Größe der Plakate macht das eine Heidenarbeit, deshalb dauert so ein Plakat ziemlich lange, bis er fertig ist. Schon darum entstehen nicht sehr viele Zeichnungen pro Jahr'". Dazu passt das Urteil im *Fetisch-Report* (Ausgabe 4/2017), wonach Henzlers Grafiken, „die ursprünglich nur für die Werbung zu diesen [Leder]Treffen erstellt wurden, [...] inzwischen weltberühmt [seien] und [...] den Stil von Tom of Finland weiterentwickelt [haben]". Rosenkranz' Ansicht, wonach Henzler zunächst „seine Männer mit grobem, expressivem ‚Strich'" gezeichnet habe und später „die Lederkerle immer realistischer und ausgefeilter" geworden seien, lässt sich nicht belegen; noch weniger kann von einem ursprünglich „expressionistischen Strich" die Rede sein. Henzler schuf in der Nachfolge von Tom of Finland eigenständig solide Gebrauchsgraphik, die sich im Laufe der Zeit nur wenig verändert hat. Je länger Henzler Plakate/Programm-Cover gestaltete, desto mehr wiederholte er sich (z. B. das bis auf die Informationen zum jeweiligen Ledertreffen identische Plakat von 1990 und 2002 oder die Wiederverwendung der Bildelemente von 1977 und 1989 im Plakat von 2003 sowie die postume Benutzung der Plakatgestaltung von 2003 im Jahre 2008 und, was den Mann im Harness anbelangt, 2015). Achtet man einmal auf die Gestaltung der oft eher dicken als muskulösen Waschbrettbäuche der Männer bei Henzler (z. B. 1977, 1989, 1993, 2000, 2004), so ist da kaum ein Unterschied festzustellen. Als interessant empfinde ich das Plakat/Programm-Cover von 1979. Es zeigt einen über die Silhouette der Hamburger Neustadt und der Elbe fliegenden Supermann, der außer der Mütze keine Anklänge an Tom of Finland aufweist. Ähnlich eigenständig ist das Plakat von 1990/2002: Unter den Logos von ECMC und MSC Hamburg ist die stilisierte *Cap San Diego* zu sehen. Vor dem Text- und Informationskasten befindet sich im unteren Drittel der Oberkörper eines Ledermanns mit etwas geöffneter Lederjacke, so dass Brustbehaarung zu erkennen ist. Das bärtige Gesicht ist individuell gestaltet und weicht vom Tom-of-Finland-Typus ab. Für den Ledermann ist

Günter Henzler: Plakat *Leatherparty 1993*

Günter Henzler: Plakat *Leatherparty 1999*

ECMC

MSC HAMBURG

August 11th-14th, 1994

THE LEATHERPARTY '94 IN HAMBURG

For further information:
MSC HAMBURG e.V., P.O. Box 30 36 83, D-20312 Hamburg

Werke von Lars Deike

Tom of Finland in gewisser Weise Vorbild, doch ist Henzlers Gestaltung des Plakats insgesamt eigenständig.

Eigenständig mit dem Vorbild Tom of Finland geht auch **Lars Deike** um. 1963 in Konstanz geboren, absolvierte er zunächst eine Ausbildung zum Verlagskaufmann, wurde danach Redakteur einer Berliner Zeitung, studierte anschließend Fotografie in Los Angeles und eröffnete 2001 ein Fotostudio in München. Er spezialisierte sich auf Akt- und Fetischfotografie im schwulen Segment. 2008 wandte er sich der Malerei zu, ohne die Fotografie als Vorarbeit für viele seiner Gemälde zu vernachlässigen. Auch in seiner bildnerischen Kunst stehen der männliche Körper und die Fetische gleichgeschlechtlich empfindender Männer im Vordergrund seines künstlerischen Interesses. Lars Deike unterstützt politische und soziale Ziele; er ist überdies einer der Initiatoren von *prideART Berlin e. V.* und des Kunstateliers *Pride Art* im Kulturzentrum *THE Knast*, SOEHT 7, das 2022 im ehemaligen Frauengefängnis in Berlin-Lichterfelde eröffnet wurde.

„Leder“ war und ist für Lars Deike ein Themenbereich unter anderen – in seinem Foto-Buch *obsessions* (Berlin 2020) spielt es beispielsweise keine Rolle, während sein malerisches Œuvre zahlreiche Bilder von Ledermännern enthält – sei es in der Nachfolge von Tom of Finland, sei es nach Toms Vorlagen, die Lars Deike allerdings durch eine eigene Stricheltechnik neu, d. h. lebendiger und individueller gestaltet, z. B. *Helmet Boy*, *The Eyewear* oder *Titty Touch*. Letztere Zeichnung hatte Tom of Finland 1977 veröffentlicht (Judin/Karstens, S. 111): Zwei Ledermänner stehen sich gegenüber. Beide tragen Militärmütze, Lederstiefel, Lederjacke. Der links stehende Mann trägt eine knapp anliegende Jeans, in der sich Po und Genitalbeule deutlich abzeichnen. Der ihm gegenüberstehende Mann rechts hat eine Lederhose an, in der ebenfalls deutlich eine Genitalbeule zu erkennen ist. Die Lederjacke dieses Mannes ist offen und zeigt eine ausgeprägte Brustpartie mit steifem Nippel. Die linke Hand

Lars Deike: *Titty Touch*

des Mannes links zeigt auf die steife Brustwarze, die Genitalbeulen beider Männer in ihren jeweiligen Hosen berühren sich. Der rechts stehende Mann hält in der nach hinten gedrehten Hand offene Handschellen. Die Gesichter der beiden Männer entsprechen dem Tom-of-Finland-Standard: Der Mann links ist der blonde Typ, sein Gegenüber der dunkelhaarige mit Zigarette im Mund und langen Koteletten. Lars Deike löst in seiner Gestaltung dieser Zeichnung Toms starre Formen auf. Bei Tom wirken die schablonenhaften Gesichter der beiden Männer nicht allzu beteiligt; der rechte Nippel des einen Mannes wird von dem anderen nicht berührt (der linke Nippel ist von der Lederjacke verborgen); der betreffende Mann hat eine Zigarette im Mund. Wichtig ist allein die Berührung der beiden Beulen in den Hosen der Männer. Naturalistisch dargestellt sind die Handschellen. In der Gestaltung von Deike wirken die beiden Männer beteiligter und am sexuellen Spiel interessierter als bei Tom. Der Abstand ihrer Oberkörper wirkt größer. Der Mann rechts scheint die Berührung seines oberen Bauchbereichs durch den Partner zu genießen; er raucht keine Zigarette. Die Genitalbeulen der beiden Männer berühren sich, sind aber weniger wichtig als auf Toms Darstellung. Das Gesicht des Mannes rechts ist in Deikes Adaption individueller gestaltet. Nach Deikes Grundsatz „Kunst ist in Bewegung, ändert sich ständig" sind viele dieser Strichelzeichnungen inzwischen in farbige Gemälde verwandelt worden, so auch das hier besprochene Werk, das sich im Besitz des Verfassers dieses Essays befindet.

Fünf Jahre jünger als der Konstanzer Lars Deike ist der ebenfalls seit langem in Berlin lebende Däne **Erling Viktor** (*1968). Seine Ausbildung als Künstler erhielt er an *Kunsthøjskolen i Holbæk* und an *Danmarks Designskole* in Kopenhagen. Eine Collage Viktors zeigt zwei sich gegenüberstehende gleichsam bewegungsunfähige Ledermänner. Das Vorbild Tom of Finland ist unverkennbar, doch ist Toms Bilddarstellung bei Viktor bewusst erstarrt: es ist unwahrscheinlich, dass seine Ledermänner noch Freude oder

Werk von Erling Viktor

auch nur Interesse an Sex haben. Sie sind sich selbst genug. Viktors Leder-Statuen bezeichnen den Endpunkt einer Strömung in der Lederkunst, die ikonographisch von Tom of Finland ausgeht und künstlerisch statuarische KI in Leder hervorbringt und die dadurch zugleich mehr als rein epigonal ist. (Das erwähnte Kunstwerk befindet sich im Besitz des Verfassers dieses Essays.)

Denselben ikonographischen Hintergrund haben die Schwarz-Weiß-Zeichnungen des 1971 geborenen und seit 2002 in Spanien lebenden argentinischen Künstlers **Juan Carlos Di Pane**. Doch seine Zeichnungen stellen Leder und Menschen in Leder völlig anders als Erling Viktor gar. Di Panes Männer leben, interagieren. Auch das gezeichnete Leder lebt durch unterschiedliche Schattierungen.

Tom of Finland (*1920) und Günter Henzler (*1923) sind fast gleichaltrig, ebenso Lars Deike (*1963), Erling Viktor (*1968) und Juan Carlos Di Pane (*1971).

Zeichnung von Juan Carlos Di Pane., 2025

Weder zu der älteren noch zu der jüngeren Generation gehört **Jürgen Drese**, der Toms zeichnerisches Talent zwar anerkennt, in dem Finnen aber keinen großen Künstler sieht. Drese gelingt eine von Tom völlig unabhängige Gestaltung der Obsession Leder.

Jürgen Drese wurde 1940 in Hamburg geboren. Sein Vater fiel 1942; im selben Jahr wurde die Familie ausgebombt. Seine Jugend verbrachte er in Ellerbek, wo seine Mutter und deren Lebensgefährte ein bekanntes Hotel betrieben. Dieser „Stiefvater" war zuvor Inhaber einer Eckkneipe an der Großen Freiheit auf St. Pauli gewesen. „Das Leben im Hotel mit Saal und Sparclubs und Gesangvereinen war prägend in allen Richtungen. Auch ‚das Milieu' kam nach wie vor zu Besuch", heißt es im biographischen Abriss im Nachklapp zu Dreses Buch *Jan Blaufink* (Teil 1, S. 310 f.). Nach seinem Abitur studierte er an der Hochschule für Bildende Künste am Lerchenfeld, wobei Dreses Interessen weit gestreut waren. Im erwähnten biographischen Abriss heißt es: „Drese stellte 60 Rocker-Bilder im *Museum für Kunst und Gewerbe* aus. Im Brotjob war er Werbetexter für Esso und Otto, daneben arbeitete er als Inspizient im ‚*Theater im Zimmer*' und als Synchronsprecher. [...]. Nach der Fortsetzung seiner Ausbildung zum Kunstlehrer wurde Drese 1975 verbeamtet und widmete sich in der Schule vor allem dem Darstellenden Spiel [...]".

Jürgen Drese: *Schießer* (1969)

Jürgen Drese, um 1963

Jürgen Drese merkte früh, dass er schwul ist, und stand dazu. In seinem Gespräch mit Bernhard Rosenkranz am 10. Juni 2005 sagte er: „In der Schulzeit habe ich die Zeichnungen und Bilder von Michelangelo gesehen. Ich sagte mir, so willst du zeichnen und leben. Dann las ich über Oscar Wilde und dachte, das ist 'ne dolle Sache, das machste jetzt auch. Es war aber viel schwieriger, als ich es mir ausgedacht hatte. Ich konnte mit niemandem darüber sprechen. Ich versuchte mit Freunden ins Bett zu gehen, das lief nicht". Weder mit seiner Mutter noch mit deren Lebensgefährten habe er jemals über seine Homosexualität gesprochen. Zu seiner sexuellen Veranlagung kam die Faszination für Rocker und für Leder. Er wurde ein Ledermann par excellence, d. h. Lederkleidung trug er nicht nur abends in der Loreley-Bar, sondern im täglichen Leben als Lehrer im Unterricht. „Ich ließ mir meine Hosen bei Erdmann am Steindamm von Skarupke, der damals dort angestellt war, nach eigenen Entwürfen schneidern, zum Beispiel eine Lederhose mit Klappe und durchgehendem Reißverschluss. Für eine Jacke mit hohem Stehkragen habe ich den Schnitt aus der napoleonischen Armee übernommen. Oft habe ich meine Klamotten unterwegs verkauft und mir wieder neue anfertigen lassen [...] Ich machte das Leder aus der Rockerszene salonfähig, denn ich war der erste Student, der am Lerchenfeld in Lederklamotten herumlief. Heute ist das nichts Besonderes mehr [...]. Damals war ich von der entrüsteten Haltung mancher Künstler überrascht. Künstler, die sich sonst jede Freiheit herausnehmen, stießen beim Anblick meines Lederoutfits an ihre Toleranzgrenze!"

Jürgen Drese: *Motorrocker*

Leder zu tragen, ist das eine, etwas anderes, Leder und Männer in Leder künstlerisch darzustellen. Ende der 1960er Jahre gestaltete Drese einen Zyklus von mehr als einhundert Blättern, auf denen „Rocker und Halbstarke in Schlaghosen aus schwarzem, glänzenden Leder" zu sehen sind. Mit diesem Zyklus stieß er bei seinen Kommilitonen auf wenig Verständnis, war doch seinerzeit abstrakte Kunst en vogue und Gestalten mit realistischen Elementen verpönt, denn „realistisch" im herkömmlichen Sinne sind Dreses Bilder nicht. Auffällig ist die Verknüpfung von Technik und Mensch. „Die Beziehung zwischen der Eisenkonstruktion des 19. Jahrhunderts und dem Outfit der Rocker ist meine Entdeckung, die wird man bei keinem anderen Künstler finden. Leder und Eisen sind für mich verwandt. Wenn Eisen gut poliert und gefettet ist, hat es das gleiche Aussehen wie Leder, das dem Träger eine äußere Männlichkeit, etwas Industrielles, verleiht. So habe ich das martialische Maschinendasein der Rocker dargestellt, zum Beispiel in dem Bild *Chromarbeiter*" (1972).

Auf dem Bild *Motorrocker* werden der Rocker in seiner Lederkleidung und das Motorrad eins: Die Benzineinspritzung übernimmt der steife

Penis, den Auspuff bildet ein ledernes Hosenbein mit Schlag. Dreses Rocker haben als Frisur die „Elvistolle". „Ich erlebte es als Junge, wie Elvis Presley mit der Tolle auftrat. Ein paar Tage später wurde in der Zeitung berichtet, dass ein Junge mit dieser Frisur nicht mehr in seiner Firma arbeiten durfte. Er ging zum Friseur und hat sie sich etwas kleiner schneiden lassen. Bei der Arbeit musste er ein Haarnetz tragen. Damals konnte man die Leute mit der Tolle provozieren". Dreses Bild *Schießer* aus dem Jahr 1968 zeigt einen schlanken jungen Mann, bekleidet mit Lederhose mit Schlag und Lederhemd unter der nackten Brustpartie, den zweierlei auszeichnet: ein Penis, der als Waffe dargestellt ist, und eine riesige Haartolle. Eine ähnliche Tolle trägt auch der *Chromarbeiter*.

Drese mochte Rocker, war aber keiner. In seinem Bild *Rocker im Hauptwaschgang* kommt der Rocker ohne Ledermontur als eine Gestalt „so lieblich und zart [...] wie Buttermilch" heraus. „Ich glaube, echte Rocker würden die Bilder nicht verstehen [...]. Hiermit wollte ich zeigen, dass die Männer nur durch die Verpackung etwas Hartes, Männliches bekommen".

Für Dreses Sicht auf Rocker und Ledermänner gab es keine Vorbilder. Für die Gestaltung der Motorradteile und anderer technischer Gegenstände griff er auf Abbildungen in Zeitschriften und Büchern zurück. Seine Gestaltungstechnik beschreibt Drese folgendermaßen: „Ich benutzte alle Materialien, die Schwarz liefern: Lack, Skriptol, Bleistift und Filzstift. Für einzelne Details wie Ketten oder Abzeichen benutzte ich Frottagen [Abreibungen]. Ich verwendete Chromolux-Karton, der eigentlich nur für Kupferdruck verwendet wird".

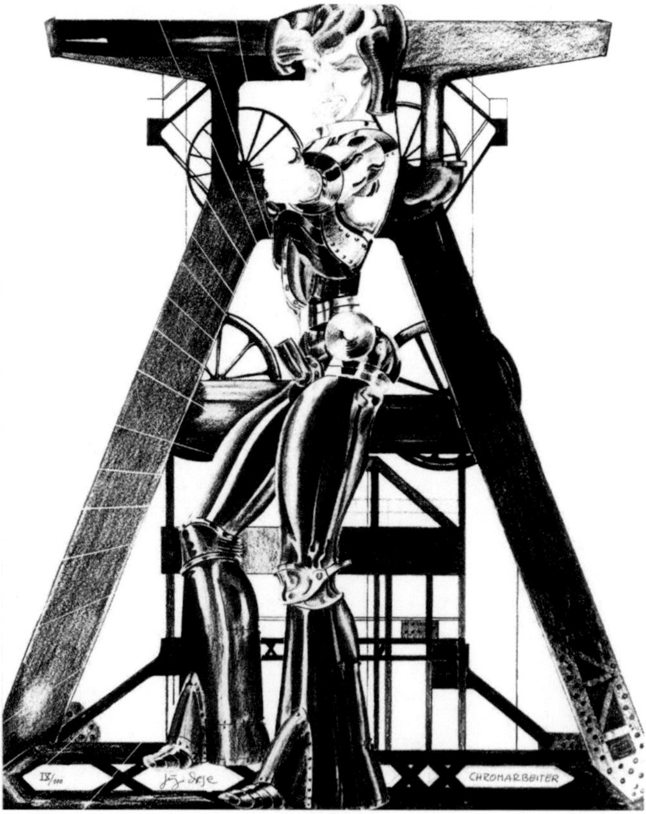

Jürgen Drese: *Chromarbeiter* (1972)

Jürgen Drese besuchte regelmäßig die gerade eröffnete Lederbar *Loreley* auf St. Pauli – oftmals zusammen mit dem ebenfalls schwulen Maler und Buchillustrator Hans Hermann Hagedorn (1913–1998). ABER: „Anfangs verkehrten hier auch vereinzelt Rocker oder Männer, die sich so kleideten. Die relativ kleine schwule Lederszene war offen für alle Einflüsse. Dann brachte jemand die Zeichnungen von Tom of Finland mit, und allmählich wurde die Lederszene uniformer. Die meisten wollten so aussehen, als wären sie ein Produkt von Tom of Finlands Zeichenstift. Als sich dann noch der Lederclub [MSC] gründet, wurde mir das alles zu engstirnig. Mein Interesse an dieser neuen Lederszene ließ nach, das ist bis heute [2005] so geblieben“.

Die Ausstellung *LEATHER FOR EVER* vom 31. Juli bis 27. August 2006 im Café Gnosa in Hamburg-St. Georg zeigte Bilder des kurz zuvor verstorbenen Günter Henzler (Martin S. Cool) und von Jürgen Drese; sie machte die unterschiedlichen Positionen der beiden Künstler deutlich.

Interessant ist, dass sowohl Henzler als auch Drese über ihre künstlerische Tätigkeit hinaus noch andere Interessen hatten bzw. haben: Henzler fotografierte, liebte Opern, gestaltete ein kleines Buch über den Ohlsdorfer Friedhof (siehe den Essay *Der Schöngeist Günter Henzler/Martin S. Cool* in diesem Katalog). Drese schrieb und illustrierte den *Abenteuerroman in vier Teilen Jan Blaufink* (2020) und das Buch *Tausendundeine Elphi*: 55 Bilder und 55 Gedichte (2016). Und er machte sein zum Wellingsbütteler Weg hin unscheinbares Haus aus dem Jahr 1937 sowie den kleinen Garten zu einem barockisierten Gesamtkunstwerk, das überdies Platz für die eigenen Kunstwerke aus seinen unterschiedlichen künstlerischen Phasen, für seine Modellbauten und Sammlungen bietet. „Sämtliche Innenwände sind szenisch bemalt und gestaltet, vom Keller bis zum Dachboden“, heißt es im erwähnten biographischen Abriss. „Barock“ ist auch Dreses Interesse an Theater und Film: „Ich bin derjenige gewesen, der [an der Hochschule für Bildende Künste am Lerchenfeld] die neue Disziplin Bühnenbild und Film eingeführt hat. Wir machten Experimentaltheater. Das berühmteste Mitglied meiner Theaterkompanie war Holger Meins, später Terrorist [...]. Unter den fünf Kommilitonen aus unserem Studiengang war ich der erste, der in Deutschland Examen mit einem Film machte“.

(Vgl. vor allem – insbesondere für die Zitate: HHaaW S. 276-279; weiterhin: *Leather For Ever. Zwei Hamburger Fetischkünstler im Café Gnosa* in: *hinnerk* 07/2008; Jens Meyer-Odewald: *Hausbesuch – Die künstlerische Märchenwelt von Wellingsbüttel*, in: *Hamburger Abendblatt*, 13.1.2021 unter https://www.abendblatt.de/hamburg/article231321336/Die-kuenstle... ; *Der Chromarbeiter* unter https://www.ebay.de/itm/184079297002 ; zu Hagedorn vgl. HHaaW S. 279–281.)

Einen ähnlich unkonventionellen Blick auf Leder wie Drese hat der 1957 geborene französische Fotograf **Ralf Marsault**. Ihn interessiert das antikapitalistisch-anarchistische Wagenburgmilieu in Berlin. Seine Fotos, die zwischen 1992 und 2018 entstanden sind, zeigen u. a. Menschen in (nach bürgerlichen Vorstellungen) verschlissener, ungepflegter, heruntergekommener Kleidung. Lederjacken, Nietengürtel, Lederstiefel,

Ralf Marsault

Jeans haben keine Strahlkraft, sehen oft stumpf aus (Ralf Marsault: *faintly falling*, Berlin 2020, S. 34 f., 37, 64, 77, 82 f., 94, 106, 118, 121). Seine Fotos sind gleichsam Gegenbilder zu denen von Gerhard Pohl, dessen Arbeiten Marsault 1985 in seinem Artikel *Les vrais mâles de Hambourg* gewürdigt hatte.

Abweichend von allen anderen in unserer Ausstellung vertretenen Künstlern arbeitet **Nils Bollenbach** (*2001, Abitur 2020): Er malt, zeichnet, fotografiert, collagiert nicht Ledermänner, sondern gestaltet Ledermenschen mit Hilfe der Materialien Leder und Metall. Nils Bollenbach ist künstlerisch vielseitig interessiert. 2021 erschien sein mit dem *Generationen-Filmpreis* ausgezeichnete Dokumentarfilm *Die Ehe meiner Großeltern*,

Werke von Niels Bollenbach

er fotografiert, malt, singt in der *Schola Cantorosa*, dem Hamburger Schwulenchor, ist seit 2022 Mitglied des *Pride-Art-Vereins Berlin* mit Sitz im queeren Kommunikationszentrum *The Knast* in Berlin – Lichterfelde . Darüber hinaus engagiert er sich seit seiner Schulzeit politisch bei den Grünen. Derzeit arbeitet er in der Requisitenabteilung eines großen Hamburger Theaters. (Vgl. Nils Bollenbach: *Ich hatte Angst davor, stigmatisiert und unterschätzt zu werden*. Interview mit Konrad Wolf. In: *zeit.de*, 15. 4. 2021 unter https://www.zeit.de/zett/politik/2021-04/nilsbollenbach...; jp54: *Bollenbach im Knast*, 7. 7. 2022 unter https://www.bargteheideaktuell.de/aktuell/78833/bollenbach-im-knast).

Unkonventionelles neben konventionellem Arbeiten zeichnet den Allroundgestalter **Nico Bielow** aus. Geboren 1977 in Burg bei Magdeburg, machte er in Bremen eine Lehre als Raumausstatter, arbeitete danach in der Kostümabteilung des Musical-Theaters Bremen (1995–1999), war bei einer Konzertagentur tätig, lebte und wirkte künstlerisch zwischen 2015 und 2021 in den USA. Im November teilte Nico Bielow über sich u. a. mit: „Vor 17 Jahren begann ich mit meiner Kreativität in Bremen mit [...] ersten Bildern. Bei vielen Bildern habe ich keine Pinsel verwendet, sondern ausschließlich mit anderen Haushaltsgegenständen, z. B. Gabeln, Messer, Zahnstocher, Brillen oder sogar einem Föhn die Bilder entstehen zu lassen. Wenn ich nicht auf Papier male, erstelle ich meine [...] digitalen Kunstwerke am Computer. Seit einigen Jahren sind die meisten Muster auf verschiedenen Produkten erhältlich [...], z. B. Taschen, T-Shirts, Regenschirmen usw. Neben der Malerei schreibe ich auch Bücher [...;] bis heute habe ich vier [...] veröffentlicht. [...] Für die Gesangsbrüder Tim und Denis Fischer habe ich ein [...] Portrait gemalt, was in Berlin zugunsten der Obdachlosen-Hilfe versteigert wurde. [...] Seit 2012 lebe ich in Hamburg und habe hier unter anderem Taschen für das *‚Pulverfass Cabaret'* entworfen. Diese wurden im Rah-

Werk von Nico Bielow

men zur Rettung des Theaters verkauft. des Weiteren hatte ich die Ehre, für die *'Extratour'* in Hamburg in Hamburg und für die *'Königlounge'* in Bremen T-Shirts für den CSD zu designen. Dadurch ergab sich dann auch ein Projekt für die älteste Gay Bar in Hamburg, die *Piccadilly Bar* […]. Im Rahmen des MSC-Lederclubs Hamburg sind auf Grund einer Werbekampagne für 50 Jahre MSC und der Mister-Fetisch-Germany-Wahl einige Motive von Leder-Kerlen in [computergenerierter] Pop-Art-Version entstanden" – und zwar künstlerisch (verglichen mit Jürgen Drese oder Ralf Marsault) eher konventioneller Formensprache und damit in würdiger Nachfolge von Martin S. Cool/Günter Henzler und Tom of Finland.

Werk von Nico Bielow

Ein Musikschriftsteller vertrat einmal die Ansicht, dass die beste Beethoven-Sinfonie von Franz Schubert stamme. Entsprechend pointiert könnte man sagen, dass **Rex** der bessere Tom of Finland sei, bisweilen verwechselbar mit Tom (z. B. in der Zeichnung *FOLSOM*), aber umfangreicher und variationsfähiger in seiner Thematik und realistischer in der Darstellung. Rex ist Anfang der 1940er-Jahre geboren – „abondoned at birth, his real name and exact birthday are unknown, but references indicate a date in the 1940s" (so der Wikipedia-Artikel Rex (artist), andere geben als Geburtsjahr 1944 und als Namen Rex West an). Rex lebt und arbeitet vorzugsweise in San Francisco und Amsterdam. Jack Fritscher (Herausgeber des Magazins *The Drummer*) charakterisierte Rex folgendermaßen: "Rex is artist of urban toilets, blue-collar hotels, filthy construction workers, greasy gas jockeys, muscled bikers, tattooed fighters, beautiful young homeless bums…ex-cons, armpit-sweaty beautiful studs needing head – all these unshaved 'lone wolves' in jockstraps, leather, boots, and torn tanktops… who pay-per-night in sleaze-bag hotels where sailors, Marines, cops, and drifters lie back on stained mattress, the smoke of their cigarettes drifting out the crack of their rooms, down to the toilet where the cracked urinal drips beer piss, and the graffiti-covered stall is drilled with gloryholes…" (Rex ist ein Künstler der städtischer Toiletten, der Arbeiter-Hotels, der Absteigen schmutziger/verdreckter Bauarbeiter, ölverschmierter Tankwarte, muskulöser Motorradfahrer, tätowierter Boxer/Schläger, hübscher junger obdachloser Gammler/Penner… ehemaliger Häftlinge/Knackis, verschwitzter hübscher Typen, die dringend geblasen werden wollen – alle unrasiert, „einsame Wölfe" in Suspensorien, Leder, Stiefeln und zerfetzten Muskelshirts/Unterhemden…, die pro

Nacht zahlen in heruntergekommenen ekligen Hotels, wo Seeleute, Marines, Polizisten und Rucksacktouristen auf fleckigen/dreckigen Matratzen liegen, der Rauch ihrer Zigaretten dringt durch die Ritzen ihrer Zimmer runter zur Toilette, wo aus dem kaputtem Pissoir/Pissbecken Bierpisse tropft und die mit Graffitis bedeckte Kabine mit Gloryholes durchbohrt ist; zitiert nach dem Wikipedia-Artikel *Rex (artist)*).

Hiernach ist verständlich, dass 1986 Ralf Marsault und Heino Müller in Paris als Les Pirates Associes ein Buch mit fünfzig Zeichnungen von Rex herausgegeben haben. Seine „black-and-white pen-and-ink drawnings“ wurden gleichgesetzt mit einem „emerging S&M graphic idiom“, das ihn mit Tom of Finland und anderen Künstlern verband (Wikipedia-Artikel Rex (artist)).

Guy Burch schreibt unter dem Titel *Berlin begrüßt den legendären Erotik-Künstler REX* anlässlich der Ausstellung Rex – Verboten vom 8. bis zum 18. September 2016 in The Ballery (Nollendorfstraße 11): „Unbemerkt seit einer ganzen Generation lebt eine ebenso legendäre wie geheimnisvolle Persönlichkeit, dessen bedeutendste Schaffensphase unmittelbar nach den *STONEWALL*-Aufständen begann, seit längerem bereits in Europa. Noch vor Mapplethorpe war REX. Zeitgleich mit TOM OF FINLAND, der in seiner Kunst seiner Generation und den Folgenden dem Idealbild einer neuen Form der schwulen Männlichkeit zum Ausdruck verhalf, bereitete REX Mapplethorpe und der modernen Fetisch-Community den Weg. Er ist der Letzte der Legendären. In vieler Hinsicht ist REX ein Vater des *Folsom*. Zuerst in New York lebend, prägten seine Arbeiten die Außenwahrnehmung der heute mittlerweile geradezu mythischen Clubs, wie dem *MINESHAFT*, und den berühmtesten Lederbars *EAGLE*, *LURE* und *RAWHIDE*. Dann zog es den Künstler nach San Francisco, wo er die Anfänge des Folsom nicht nur miterlebte; er war Teil der Inspiration, des Ausdruckes und der Formung des Flairs, das bis heute den Fetisch-Veranstaltungen der kalifornischen Metropole seinen einzigartigen Charme verleiht. Es ist unmöglich, sich den Auftritt der Fetisch-Szene vorzustellen ohne die Vorstellungskraft des Mannes, der das alles visionär zeichnete. Es waren die Arbeiten von REX, die damals die berühmte *BLACK'nWHITE Circuit-Party* in *THE SAINT*, New York bewarben; seine Motive, gefeatured im Film *CRUISING* mit Al Pacino; die Illustrationen von REX, die Freddy Mercury unter der schwarzen Lederjacke auf Konzerten trug.

REX verdient es, in einem Atemzug mit Beardsley's Illustrationen für Oscar Wilde oder Roland Caillaux's Bilder für Jean Genet genannt zu werden. Seine akribischen Feder- und Tinte-Zeichnungen sind beides: pornographisch und große Kunst. REX ist un-apologetisch extrem erotisch – kompromisslos in seinem Ausdruck männlicher Sexualität. Der Reiz der dunklen Gasse, das billige Stundenhotel, die öffentliche Toilette – surreale Darstellungen von fremden Männern der Sorte, vor denen wir als Kinder gewarnt wurden. REX wartet im Keller, am oberen Ende der dunklen Treppe und im LAB. Er weckt den wohligen Schauer der Begierde und der Ängste, die sexuell erregen. Und dies gelingt ihm durch seine Technik der perfektionistischen Darstellungen dieser Szene, welche mittlerweile zwei Generationen inspiriert und geprägt hat in dem, was wir anziehen und der Fantasien, weshalb wir diese Dinge tragen. Sein Stil findet sich wieder in der Gestaltung heutiger Fetisch-Bars und Clubs, in der Mode, im Manga und grafischen Novellen. REX verkörpert das Unterbewusstsein unseres Verlangens“ (https://www.facebook.com/photo/?bid=10976026803319988&set=...).

Carsten Bauhaus formuliert ähnlich am 8. September 2016 im Magazin *Siegessäule*: „Robert Mapplethorpe bewunderte ihn als ästhetisches Vorbild, Freddy Mercury trug seine Zeichnungen auf T-Shirts, und das legendäre New Yorker Studio 54 widmete ihm ganze Partys: Der Künstler Rex und seine Bilder waren Kult in den USA der 60er bis 80er-Jahre. Und das nicht nur deshalb, weil Provokation damals en vogue war. Rex‘ Werke sind handwerklich hochwertige Preziosen. Sorgsam setzt er Punkt an Punkt und kreiert so eindrucksvolle Tinten-Mosaike: pointillistische

Feinarbeit mit fantasievollen Motiven aus der Fetischwelt."

Erstmals tauchten seine Bilder in den frühen 60er-Jahren auf. Pornographische Fotografie war noch verboten, Illustrationen und fiktive Geschichten aber wurden bereits durch die Meinungsfreiheit geschützt. Pornografisch waren Rex' Bilder meist, sexuell aufgeladen immer: gut gefüllte Gloryholes in öffentlichen Toiletten, aufgerissene Männermünder neben Urinalen, Feuerwehrmänner, Matrosen oder Gefängnisinsassen, ineinander verschlungen in kunstvollen Choreografien. Sie hafteten Rex damals ein Schmuddelimage an. Er veröffentlichte in den US-amerikanischen Schwulenmagazinen *The Advocate* und *Drummer Magazine*, gestaltete Poster für New Yorker Schwulenclubs wie The Lure und The Mineshaft – und für die Poppers-Marke Bolt. Die explizitesten unter seinen Werken aber zirkulierten nur im Underground, eine breite öffentliche Anerkennung als Künstler hat Rex nie erfahren. „Die Leute hatten Angst vor der Deutlichkeit seiner Bilder", so der Kurator Bernd Althans. „Und vor der Tiefe der in den Bildern dargestellten Fantasien".

So bringt es Rex bei einer über 50 Jahre andauernden Schaffensperiode auf nicht einmal zehn Ausstellungen – vielleicht auch ein Grund, warum der Künstler selbst bisher das Licht der Öffentlichkeit scheute. [...] Mit der Hommage an Rex erweist sich Berlin nun einmal mehr als Nachlassverwalterin der schwulen US-amerikanischen Underground-Kultur der 60er bis 80er-Jahre" (https://www.siegessaeule.de/magazin/2929-aus-der-tiefe-die-ausstell...).

Rex beeinflusste das fotografische Werk von **Robert Mapplethorpe** (1946–1989); nicht unwahrscheinlich ist, dass dieser auch die Fotos von Gerhard Pohl und möglicherweise sogar den Fotografen selbst kannte und schätzte. Wie Pohl, Tom of Finland und Rex bevorzugte auch Mapplethorpe die Schwarz-Weiß-Gestaltung seiner Werke. Abgesehen von Mapplethorpes zahlreichen Porträtfotos (u. a. von Truman Capote, Grace Jones, Patti Smith oder Andy Warhol) und den Stillleben mit Blumen, standen für Mapplethorpe Ledermänner und BDSM-Szenen im Fokus. „Mapplethorpe wurde insbesondere durch seine Portfolio-X-Serie bekannt. Eine der häufig diskutierten Fotografien stellt ein Selbstporträt dar, das den Künstler mit einer in seinen Anus eingeführten Bullenpeitsche zeigt" (Wikipedia-Artikel Mapplethorpe). Auch das Foto Leatherman von 1980 zeigt eine S/M-Szene. Was aber Sadomasochismus anbelangt, sagte Mapplethorpe in einem Interview mit Dominick Dunne im Februar 1989: „The people in my pictures were doing it because they wanted to. No one was forced into it. Form me S&M means sex and magic, not sadomasochism. It was all about trust" (*ROBERT MAPPLETHORPE, Leatherman* unter https://www.sothebys.com/en/auctions/ecatalogue/2018/photograp...).

Ledermänner bilden auch die im Folgenden erwähnten Fotos von Mapplethorpe ab – diesmal aber (mit Ausnahme von *Joe, N. Y. C.*) als Porträt-Fotos von Männern in Lederkleidung: 1. *Larry und Bobby kissing* (1979). 2. *Brian Ridley & Lyle Heeter* (1979): der Sklave in Ketten sitzt breitbeinig mit aufgerichtetem Oberkörper in einem Armsessel. Rechts neben ihm auf dem Foto lehnt der Master leger gegen den Sessel. Beide Männer schauen ohne Interaktion in die Kamera. 3. *Joe, N. Y. C.* (1978): auf einem Tisch in einer Art Hundehaltung lagernde Person voll in Leder mit einem langen Gegenstand aus Leder im Mund. 4. *Nick* (1977): ein bärtiger Mann, tätowiert an Stirn und linkem Oberarm (das Tattoo zeigt einen Kopf mit Ledermütze à la Tom of Finland und Rex). 5. *Selbstporträt mit Zigarette im rechten Mundwinkel* (1980). 6. *Leatherman #1*: Sitzender Mann mit weit geöffneter Lederjacke, Mütze, Stiefeln; in der rechten Hand eine Gerätschaft (Seil oder Peitsche), rechts oben ein fünfstrahliger Stern.

Aber es geht auch anders, wie das Foto *Marcus Leatherdale, Erection* (1979) belegt: ein junger Mann, von dessen Kopf nur die Mund- und rechte Nasenpartie zu sehen ist, blickt auf seine prachtvolle unverhüllte Erektion – und ich vermisse das ver- oder umhüllende Leder überhaupt nicht! ■

Günter Henzler/Martin S. Cool als Schöngeist

Günter Henzler: *Ohlsdorf: Baum und Raum. Der Friedhof als Landschaftspark*, Ernst-Kabel-Verlag, Hamburg, 1998

Günter Henzler hatte auch eine andere Seite als die des Ledermannes und als des Gestalters von Plakaten mit bisweilen martialisch aussehenden Ledermännern zu den alljährlichen Ledertreffen des Hamburger MSC's. So liebte er Opern, fotografierte gerne und kannte sich in der deutschsprachigen Lyrik aus. Davon zeugt sein im Jahr 1998 veröffentlichtes, 87 Seiten umfassendes Buch *Ohlsdorf: Baum und Raum. Der Friedhof als Landschaftspark.* Henzler stellt den Ohlsdorfer Friedhof, beginnend im Frühling, mit vierzig Fotos im Wandel der Jahreszeiten vor. Ergänzt werden die Aufnahmen von vier Zeichnungen, sechs zum Teil ausführlichen Bibelzitaten und von 38 Gedichten; elf von ihnen stammen von Rainer Maria Rilke (1875–1926), je vier von Heinrich Heine (1797–1858), Mathilde Wesendonck (1828–1902) und Hermann von Gilm zu Rosenegg (1812–1864). Weitere Gedichte sind von Richard Dehmel (1863–1920), Annette von Droste-Hülshoff (1797–1848), Joseph von Eichendorff (1788–1857), Johann Georg Fischer (116–1897), Detlev von Liliencron (1844–1909), Conrad Ferdinand Meyer (1825–1898), Friedrich Rückert (1788–1866), Adolf Friedrich Graf Schack (1815–1894), Christian Wagner (1788–1857) sowie (in einer Nachdichtung von Hans Bethge) von Tchang-Tsi/Zhuāngzi (365–290 v. Chr.) geschrieben worden.

Was Günter Henzler zu diesem Buchprojekt veranlasst hat, ist nicht bekannt. Vielleicht war es die Trauer um die zahlreichen Männer aus der Lederszene, die an AIDS starben und große Lücken hinterließen. Und so wird er möglicherweise Rainer Maria Rilkes Schlußstück in seiner Widersprüchlichkeit intensiv empfunden haben:

„Der Tod ist groß.
Wir sind die Seinen
Lachenden Munds.
Wenn wir uns mitten im Leben meinen,
wagt er zu weinen
mitten in uns."

Es ist das vorletzte Gedicht des Bandes; ihm voraus (als drittletzter Text) geht Conrad Ferdinand Meyers *Chor der Toten*, der angesichts der Tausende Grab- und Gedenkstätten auf dem

Ohlsdorfer Friedhof in den beiden ersten Versen überzeugend konstatiert:

„Wir Toten, wir Toten sind größere Heere
Als ihr auf der Erde, als ihr auf dem Meere!"

Wie Günter Henzler zur christlichen Religion stand, wissen wir nicht, doch stammt der abschließende, tröstende Text seines Buches aus der Offenbarung des Johannes (K.14, V. 13):

„Selig sind die Toten,
die in dem Herrn sterben,
von nun an.
Ja, der Geist spricht,
daß sie ruhen von ihrer Arbeit;
denn ihre Werke folgen ihnen nach".

Dass ein Friedhofsbuch Texte über Tod und Vergänglichkeit, Nacht und Schlaf (in übertragenem Sinne) und Trauer enthält (z. B. S. 44, 58, 62, 64, 82, 86, auch 12, 30, 34, 40, 56), ist zu erwarten, doch Henzlers Gedichtauswahl ist thematisch vielseitiger: Schönheit der Schöpfung (z. B. S. 16), Engel (S. 20, 38, 70, 80), Traum (S. 78), Gott/Schöpfer/der Ewige (z. B. S. 12, 16, 22, 26, 50, 86) und Nachdenken über das Lebensschicksal/das Dasein (z. B. S. 18, 24, 26, 58, 60, 64, 84).

Henzlers Textauswahl entspricht vermutlich seinen literarischen Vorlieben. Auffällig ist, dass der Band keine Gedichte von Goethe oder Schiller, von Mörike, den zahlreichen hervorragenden Barockdichtern oder (mit Ausnahme Eichendorffs) der deutschen Romantik enthält. Stattdessen von Schriftstellern wie von Gilm zu Rosenegg, J. G. Fischer, Friedrich Graf Schack oder Christian Wagner, die heute weitgehend unbekannt sind.

Textauswahlen spiegeln individuelle Entscheidungen, seien es Vorlieben, seien es Abneigungen, wider. Es ist müßig, darüber zu spekulieren, was einen Menschen, den man nicht gut kennt, zu einer bestimmten Auswahl veranlasst hat. Bei Günter Henzlers Textauswahl aber fällt auf, dass das Ohlsdorf-Buch vorzugsweise Texte enthält, die vertont worden sind, also Henzlers besondere Affinität zu Musik belegen. Dies gilt für alle mitgeteilten Bibelstellen. Diese sind Textgrundlage von Johannes Brahms' Werks *„Ein Deutsches Requiem nach Worten der Heiligen Schrift"* von 1868/1869.

(S. 12: Ps. 84, V. 2 f. und 5 – *Deutsches Requiem*, Teil IV; S. 16: Weisheit Salomonis, 3, V. 1 – *Deutsches Requiem*, Teil III; S. 23: 1. Petrusbrief Kap. 1, V. 24 f. – *Deutsches Requiem*, Teil II sowie Psalm 39, V. 5-8 – *Deutsches Requiem*, Teil III; S. 44: 1. Brief an die Korinther 15, Vers 51 f. und 54 f. – *Deutsches Requiem*, Teil VI; S. 86: Offenbarung des Johannes 11, Vers 13 – Deutsches *Requiem*, Teil VII.)

Einunddreißig der achtunddreißig weltlichen Texte des Buches sind vertont worden – bisweilen von mehr als siebzig Komponisten/Komponistinnen. Nicht immer ist klar, welchen Komponisten Günter Henzler bei seiner Gedichtauswahl vor Augen oder in den Ohren hatte. In zwei Fällen aber lässt sich dies eindeutig klären: Die Aufnahme der Gedichte *Der Engel*, *Stehe still!*, *Im Treibhaus* und *Träume* (S. 20, 26, 32 und 78) der Mathilde Wesendonck führen unweigerlich zu den 1857/58 von Richard Wagner (1813-1883) komponierten fünf Wesendonck-Liedern. Zwei dieser Lieder (*Im Treibhaus* und *Träume*) enthalten den Zusatz *Studie zu „Tristan und Isolde"*. (Nicht aufgenommen in das Ohlsdorf-Buch wurde der Text des fünften Liedes der Wesendonck-Lieder mit dem Titel *Schmerzen*.)

Auch die Gedichte *Geduld*, *die Nacht*, *Die Georgine* [= Dahlie] und *Allerseelen* (S. 24, 30, 60, 62) von Hermann von Gilm zu Rosenegg sind eindeutig zuzuordnen: sie sind Textgrundlage von vier der *Acht Lieder*, opus 10 von Richard Strauss (1864–1949) aus dem Jahr 1885.

Richard Wagner, Richard Strauss und Johannes Brahms als Komponisten sind im Zusammenhang mit den literarischen Texten unbestritten. Bei den anderen Gedichten ist die von Henzler bevorzugte Umsetzung kaum eindeutig zu ermitteln. Abgesehen von Kompositionen, die erst nach Henzlers Tod entstanden sind oder kaum Verbreitung gefunden haben, kommen oft mehrere Komponisten in Frage, wobei Henzler die musikalische Umsetzung von Brahms und R. Strauss, wohl auch Gustav Mahler favorisiert haben könnte. Dies träfe für folgende Gedichte zu:

S. 40: Richard Dehmel: *Leises Lied*, vertont von Richard Strauss, *Fünf Lieder*, op. 39 Nr. 1;

S. 58: Joseph von Eichendorff: *Im Abendrot*, vertont von Richard Straus: *Vier letzte Lieder*, TrV 296,4 (1948);

S. 64: Tchang-Tsi/Hans Bethge: *Der Einsame im Herbst*, vertont von Gustav Mahler: *Das Lied von der Erde*, Nr. 2 (1908);

S. 72: Adolf Friedrich Gf. von Schack: *Heimkehr*, vertont von Richard Strauss, *Fünf Lieder*, op. 15 Nr.5;

S. 74: Heinrich Heine: *Herz, mein Herz, sei nicht beklommen*, 1871 vertont von Richard Strauss. Außer ihm haben weitere 68 Komponisten diesen Heine-Text musikalisch gestaltet (siehe The LiederNet.)

S. 82: Detlev v. Liliencron: *Auf dem Kirchhof*, vertont von Johannes Brahms, *Fünf Lieder*, op.105 Nr. 4.

Für Heinrich Heines Gedicht *Ahnung* (S. 44) weist *The LiederNet* sechs Vertonungen nach, von denen Henzler diejenige des schwedischen Komponisten Wilhelm Stenhammar (1871–1927) am ehesten gekannt haben dürfte.

Rilkes Gedicht *Herbsttag* (S. 54) könnte Henzler in der 1966 erschienenen Vertonung von Petr Eben (1929–2007) bekannt gewesen sein.

Von den in *The LiederNet* genannten elf Vertonungen des Gedichtes *Die Nachtblume* wird Henzler vermutlich die aus *Eichendorff-Lieder* von Hugo Wolf (1860–1903) geläufig gewesen sein.

Das Gedicht *Ein Fichtenbaum steht einsam im Norden auf kahler Höh* (S. 74) ist nach Ausweis von *The LiederNet* dreiundsiebzig Mal vertont worden, u. a. von Edvard Grieg, Fanny Hensel, Ferdinand von Hiller, Franz Liszt, Hans Pfitzner, Anton Rubinstein und Wilhelm Stenhammar.

Der *Chor der Toten* von Conrad Ferdinand Meyer (S. 84) war 1929 Vorlage für eine Lied-Komposition von Hans Pfitzner. Zwei Jahre später schuf der Schweizer Komponist Paul Müller [-Zürich] (1898–1993) auf C. F. Meyers Worte ein umfangreiches Werk für zwei Männerchöre und Blasorchester oder Orgel. Ob Henzler von diesen beiden Kompositionen Kenntnis hatte, lässt sich leider nicht mehr klären.

Rilkes sechs Verse mit dem Titel *Schlußstück* (S. 86) ist nach *The LiederNet* achtmal vertont worden, u. a. von Dmitrij Šostakovič (1906–1975) als Schlusslied (11. Abschnitt) seiner 1969 fertiggestellten *14. Sinfonie* (op. 135). Es ist sehr gut möglich, dass Henzler dieses Monumentalwerk (wie *Das Lied von der Erde* oder *Ein Deutsches Requiem*) gut gekannt hat.

Texte und Fotos vereinigt Günter Henzlers Buch über den Ohlsdorfer Friedhof. Es fehlt die dazu passende CD mit der Vertonung der von Henzler ausgewählten Texte. ■

Stadterkundung Hamburg für Ledermänner

Die im Folgenden erwähnten Orte spielten oder spielen in der Hamburger Leder- und Fetischszene eine Rolle. Die Stadterkundungen sind so konzipiert, dass sie (sofern man sich in Hamburg auskennt) zu Fuß oder per Fahrrad (möglicherweise unter Zuhilfenahme von S- und U-Bahn) jeweils an einem Nachmittag geschafft werden können.

I. St. Pauli

Start: U-Bahnhof St. Pauli

I. 1 Reeperbahn 35

Boutique Bizarre

Hier erhalten Fetischliebhaber nahezu alles, was ihr Körper begehrt.

2013 fand im Untergeschoss dieser Boutique die Ausstellung *Heisse Kerle – Steife Brise: 40 Jahre Hamburger Ledertreffen* statt; 2024 folgt die Ausstellung *Lederkunst*.

I. 2 Detlev-Bremer-Straße 14

Loreley, auch *Loreley-Bar*

Gerhard (Gerd) Pohl/Tom of Finland/Günter Henzler

Loreley ist der Name einer beliebten Schwulen-, insbesondere Stricherkneipe, die 1931 in der Davidstraße eröffnet wurde und in den 1950er-Jahren oder etwas später in der Detlev-Bremer-Straße 44 weitergeführt wurde. Ende 1966 wurde sie zum Kauf angeboten. Gerhard Pohl und sein damaliger Partner erwarben sie und gestalteten sie zur ersten genuinen Hamburger Lederbar *Loreley* um. In diesem Umgestaltungsprozess spielte Tom of Finland von Anfang an eine Schlüsselrolle. Man strich die Wände dunkel, hängte Tom of Finland-Poster auf, brachte ein Schwarzes Brett an. Am 16. Januar 1967 eröffnete die *Loreley*-Bar als erste täglich geöffnete reine Lederbar Europas. Die Gäste stammten zunächst aus Hamburg, zunehmend aus der Region und schließlich von nah und fern. Die Geschäftskarten des Lokals schmückten Tom of Finland-Motive oder sind in der Nachfolge Toms von Günter Henzler (Martin S. Cool) gestaltet worden.

Rasch aber wurde die *Loreley*-Bar zu klein und erhielt Konkurrenz: 1974 wurde *Tom's Saloon* am Pulverteich 17 in St. Georg und am 16. Juni 1977 das *Chaps* in der Woltmanstraße24/Ecke Högerdamm in Hammerbrook eröffnet.

Eine Anzeige von 1984 formuliert: „*Loreley* – Hamburgs ältester Gay-Treffpunkt. Gemütliche Atmosphäre – Fassbier – solide Preise. Tägl. ab 22.30 Uhr geöffnet". Nach zahlreichen raschen Inhaberwechseln wurde aus der *Loreley* für kurze Zeit das *Monte Christo*.

(HHaaW, S. 205 f. sowie 105, 203, 210, 215, 285, 327 und 329; Mustola/Delage S. 37)

I. 3 Spielbudenplatz 19

Docks

1906 von Eberhard Knopf als Kino gegründet, 1922 zu einem Lichtspielhaus mit 1100 Plätzen umgebaut. Im und nach dem Krieg Niedergang. Belebungsversuche und Umbenennungen brachten keinen Erfolg. „1985 wurde der Laden geschlossen – um als *Knopfs Konzerthalle* 1986 und schließlich als *Docks* mit der inzwischen legendären *Prinzenbar* wieder aufzuerstehen. *Knopfs Lichtspielhaus* gibt es heute noch. Anders als vor 100 Jahren, aber immerhin … Ab 1988 *Docks/Prinzenbar*".

Hier fanden von 2003 bis 2006 Veranstaltungen im Rahmen der Hamburger Ledertreffen statt.

I. 4 Erichstraße 41

Club de Sade

Dieser Club ist der älteste S/M-Club Europas; er wurde in den 1960er-Jahren von Peter W. Ernst gegründet; nach dessen Tod ist der Club 2010 von Kalle Schwensen (* 1953) übernommen worden.

I. 4 Kastanienallee 33

Flamingo

Günter Henzler alias Martin S. Cool

In diesem Gebäude befand sich von 1953 bis 1996 das Lokal *Flamingo*. Inhaber war der langjährige Seemann Günter Jürgens. Eine Anzeige des Lokals von 1956 zeigt zwei Flamingos und den Text: „*Flamingo* – das beliebte Nachtlokal. Hamburg 4. Kastanienallee 33 (Ecke Davidstraße). Tägl. geöffn. von 19 bis 4 Uhr". Während der 1970er-Jahre hingegen befanden sich auf der von Günter Henzler, seit 1974 Martin S. Cool (1923-2005) gestalteten Anzeige vier Ledermänner (einer auf einem Motorrad) mit dem Text: „Die internationale Herrenbar mit Niveau. Korrekte Preise. Personal gesucht". Denn seit Anfang der 1960er-Jahre waren in diesem Lokal zum ersten Male auch Männer in Lederkleidung oder Manchesterhosen gern gesehene Gäste – eine Sensation oder gar Revolution, weil in der Schwulenszene der Nachkriegszeit Ledermänner einen ähnlich schlechten Ruf wie Tunten oder Transvestiten hatten. Das Ziel der zweiten deutschen Schwulenbewegung der Zeit nach dem Zweiten Weltkrieg bis in die 1970er-Jahre hinein war, als Schwuler nicht aufzufallen, um durch Anpassung an das heteronormative Erscheinungsbild die Aufhebung der Strafbarkeit gleichgeschlechtlicher Handlungen und der Diskriminierung als „Hundertfünfundsiebziger" zu erreichen. Zu dem damaligen Auftreten eines seriösen homosexuellen Mannes passten weder ein Rocker-Image noch das eines „weibischen Hinterladers", wurde doch geleugnet, dass Analverkehr unter homosexuellen Männern eine verbreitete sexuelle Praxis sei, um das Klischee vom Arschficker zu revidieren – ein freilich untaugliches Unterfangen. Bei Mustola/Delage heißt es über das *Flamingo*: „A bar named *Flamingo* gradually became the favorite haunt of gay men in lether. But it was not by design, specially a lether bar. Sensing a niche waiting to be filled" – und gefüllt wurde diese Nische durch die *Loreley*.

Während der 1950er-Jahre bemalte Horst Janssen (1929–1995) die Wände zum Preis von zehn Flaschen Korn. Nach Schließung des Lokals *Flamingo* existierte bis zu einem Brand im Jahr 2015 an gleicher Stelle *Angie's Bierbar*.

(HHaaW, S. 105, 203, 208 f. und 327; Mustola/Delage, S. 37)

I. 6 Bei den St. Pauli Landungsbrücken 3

Blockbräu

Hier fand am 11. August 2017 im Rahmen des Hamburger Ledertreffens um 19.00 Uhr ein Leatherdinner statt. Veranstaltet wurde es vom *MSC Hamburg e. V.* und *BLUF*. Von hier aus ging es um 21.00 Uhr mit einer Barkasse zum (einmaligen) Welcome-Abend im *Schuppen 50*.

I. 7 Eichholz 56

GLSM

Im Erdgeschoss des Gebäudes Eichholz 56 hatte die 1983 gegründete *Gruppe Leder Sado-Masochismus* einen Laden mit großem Keller gemietet, in dem deren Mitglieder deren Fetisch

St.-Pauli-Landungsbrücken mit dem *Blockbräu*

Die *Cap San Diego* an der Überseebrücke.

ausleben konnten; viele von ihnen wurden Opfer der AIDS-Katastrophe. Die *GLSM* bestand bis zur Jahrtausendwende. In der *GLSM* fanden mehrfach wöchentlich Veranstaltungen statt. Da hierbei Sex mit Schwerpunkt S/M im Vordergrund stand, waren die Räumlichkeiten entsprechend ausgestattet (Käfig, Andreaskreuz, Drehkreuz und vieles mehr). Berühmt waren auch die Silvesterfeiern. Das Programm der *GLSM* am 21. Juni 1997 sah vor: „Animal Farm – Du und dein Zweibeiner, nur für Schwule, mit Dresscode, Einlaß 19 bis 20 Uhr. Auslaß ab 22 Uhr, bis 24 Uhr, *GLSM Hamburg*, Eichholz 56".

(HHaaW, S. 207; Mitteilung Peter Sülau, März 2022; https://taz.de/Samstag-21-Juni/11396460 und https://taz.de/Sonntag-22-Juni/11396463)

I. 8 Überseebrücke

Cap San Diego

Das 1961 vom Stapel gelaufene Stückgutschiff der Cap-San-Klasse der Reederei Hamburg-Süd wurde im Hamburg-Südamerika-Liniendienst eingesetzt. Seit 1981 an ausländische Reedereien verkauft, wurde die *Cap-San-Diego* kurz vor ihrer Verschrottung von der Freien und Hansestadt Hamburg erworben, kehrte Ende 1986 nach Hamburg zurück und ist hier 1987 generalüberholt worden. In den folgenden Jahrzehnten erfolgten Umbau- und Erneuerungsarbeiten. Außerdem wird das Schiff regelmäßig in Werften überholt, um die Klasse zu erhalten. Die *Cap San Diego* ist mittlerweile das „größte betriebsfähige Museumsfrachtschiff der Welt" (Wikipedia).

Die *Cap-San-Diego* ist kein „schwules" Schiff, doch fand dort (nach „Vor-Partys" in den Jahren 1988 und 1989) von 1990 bis 2005 alljährlich die Hauptveranstaltung der Hamburger Ledertreffen statt. Diese waren 1973 von einem kleinen Freundeskreis ins Leben gerufen worden und wurden seit 1974 von dem im selben Jahr gegründeten *Motorsport Verein (MSC) Hamburg* organisiert. Auf der *Cap San Diego* erreichte die Entwicklung der Hamburger Ledertreffen mit Gästen aus der ganzen Welt einen Höhepunkt. Im Buch zum 40. Ledertreffen im Jahr 2013 schreibt Peter Sülau begeistert (S. 71): „Keine alternative Veranstaltung konnte die ‚*Cap*' ersetzen, die einmal Hamburg zum ‚Nabel' der [internationalen] Leder- und Fetischwelt werden ließ".

(Wikipedia-Artikel *Cap San Diego*; Peter Sülau: *Das Ledertreffen im neuen Jahrtausend*, in: Beran/Braeuer/Sülau S. 70-73; Heino Beran und Peter Sülau: *Schwule Kunst* sowie *Schwule Kunst auf dem Ledertreffen*, in Beran/Braeuer/Sülau, S. 56-67 sowie 68 f.; HHaaW, S. 212; Mitteilung von Peter Sülau, März 2022.)

II. Altona

Start: S-Bahnhof Königstraße oder Altona

II. 1 Altonaer Balkon

Die Grünanlage Altonaer Balkon mit schönem und eindrucksvollem Blick auf und über die Elbe war ein beliebtes Cruisinggebiet von Männern, die gleichgeschlechtliche Kontakte suchten.

Nach kurzem Weg über die Klopstock- und die Kaistraße sowie den Elbberg hinab gelangt man zum unteren, elbnahen Teil dieses Treffpunktes schwuler Männer, dem

II. 2 Hafenbahntunnel Altona (= Schellfischtunnel) – Südeingang

Der offizielle Begriff Hafenbahntunnel Altona erklärt besser als die volkstümliche Bezeichnung Schellfischtunnel, worum es sich bei diesem Tunnel handelt: um eine Verbindung vom Altonaer Hafen zum 30 Meter höher gelegenen Altonaer Bahnhof – zunächst am Platz der Republik (das heutige Altonaer Rathaus ist das umgebaute ehemalige Bahnhofsgebäude), seit 1898 am heutigen Standort an der Max-Brauer-Allee, deren Name im südlichen Teil bis 1975 Altonaer Bahnhofstraße war.

Die technik-/industrie-/wirtschaftshistorische Entwicklung dieser Bahnverbindung von der Geneigten Ebene 1845 über den Tunnelbau (1874-1876), die Einstellung des Güterverkehrs (1989), die Stilllegung der Strecke (1993) und die Diskussion um die Nachnutzung dieses technischen Bauwerks zeichnet Christine Lindner nach (*Der Schellfischtunnel – (k)ein Geistertunnel in Altona?* [nach 2009] unter https://www.unterhamburg.de/tunnel/schellfischtunnel/...) Die Bezeichnung Schellfischtunnel kam erst Anfang des 20. Jahrhunderts auf, „da ab 1889 und bis in die 1920er-Jahre zunehmend Schellfische mit der Altonaer Hafenbahn transportiert wurden“ (Lindner).

Nach dem Zweiten Weltkrieg bis in die 1980er-Jahre war der Schellfischtunnel ein frequentierter Treffpunkt für Schwule, insbesondere

Das südliche (untere) Portal des Hafenbahntunnels

für Ledermänner, vorausgesetzt, sie waren resistent gegen Fischgestank und Fliegenschwärme.

(*HHaaW*, S. 203 f.; Wikipedia-Artikel *Schellfischtunnel*; Ulrich Würdemann: Schellfischtunnel – einst beliebter Ort schwulen Cruisings, 2012 und 19.4.2021 unter https://222.2mecs.de/wp/2012/03/cruising-im-schellfischtunnel; Auskunft Peter Sülau, März 2022.)

Beliebt bei Lederleuten war auch die dem Schellfischtunnel benachbarte Klappe Große Elbstraße, die nicht mehr existiert. Der Schellfischtunnel ist fest verschlossen und kann nur gelegentlich im Rahmen von Führungen besucht werden.

II. 3 Rosengarten

Klappe Hohenzollernring

Der Rosengarten war ein angesagtes, aber nicht ungefährliches Cruisinggebiet insbesondere für Männer der Leder- und S/M-Szene. Gegenüber lag die gut besuchte Hohenzollernring-Klappe. (*HHaaW* S. 203 f.)

Fabrik

II. 4 Hohenzollernring 66 (so die Hausnummerierung in den 1970er-Jahren, so der Nachfolgebau)

Fucktory

1970 übernahm Alexander von Vegesack (*1945) die Verwaltung einer leerstehenden, äußerlich wenig spektakulären Fabrik am Hohenzollernring und gründete in einer der Fabriketagen eine Kommune mit Künstlerclub. Auf diesem Fabrikgelände fand 1973 das erste, u. a. von Gerhard (Gerd) Pohl organisierte Hamburger Ledertreffen statt, ebenso das zweite, das vom 1974 gegründeten *MSC Hamburg* auf die Beine gestellt wurde.

(HHaaW, S. 209 f.; Beran/Braeuer/Sülau, S. 12, 17 f.; Wikipedia-Artikel *Alexander von Vegesack*; Auskunft Peter Sülau, 24.3.2022.)

II. 5 Barner Straße 36

Fabrik

1899 für eine Firma, die Holzverarbeitungsmaschinen herstellte, errichtet, seit 1971 Kulturzentrum in Ottensen, 1977 abgebrannt, 1979 wiederaufgebaut. Wiederholt Ort von Veranstaltungen im Rahmen der Hamburger Ledertreffen.

(Wikipedia-Artikel *Fabrik (Hamburg)*)

Von der Fabrik aus ist es nicht weit zum Altonaer Bahnhof. Von dort kann man mit der S-Bahn - Linie 1 in Richtung Pinneberg bis zur Station Stellingen fahren, um von hier aus die beiden nächsten Ziele zu erreichen:

II. 6 Nansenstraße 82/ Altonaer Volkspark

Bauernhaus

1914 im Heimatstil für die Gartenbauausstellung in Altona an der Elbchaussee errichtet, danach in den Altonaer Volkspark transloziert, 1927 abgebrannt und wiederaufgebaut. Von Mitte der 1970er- bis Ende der 1980er-Jahre fanden hier die Hauptveranstaltungen der Hamburger Ledertreffen statt.

II. 7 Försterweg 163

Catonium

Wiederholt Veranstaltungsort im Rahmen der Hamburger Ledertreffen. Ende 2023 beging das Catonium sein sechzehnjähriges Bestehen.

III. Uhlenhorst und Winterhude

III. 1 Herbert-Weichmann-Straße (bis 1985: Adolphstraße) 25

(zu Fuß zu erreichen von der U-Bahnstation Mundsburg (U 3)

Club Uhlenhorst/CU/Sauna Club Uhlenhorst

Bis heute schwärmen viele Schwule vom *Club Uhlenhorst*, den es von 1969 bis 1987 in einem vornehmen Hamburger Wohnviertel gegeben hat – auf der Uhlenhorst nahe Außenalster und Feenteich. Für diese Zeitzeugen ist der *Club Uhlenhorst* nicht nur eine gute Sauna, sondern ein perfekter Erlebnisort gewesen. Und so formuliert Ulrich Würdemann in seinem Internetbeitrag aus dem Jahr 2012: „Ein schmaler Gang führt zum Eingang

[…]. Nicht wesentlich mehr als eine unauffällige Tür – und dahinter ein schwules Eldorado. Das *CU* war eine schwule Sauna, und weit mehr als das. Es war zur Zeit seiner Eröffnung die größte schwule Sauna Europas. Großzügige Schwimmhalle mit großem Schwimmbecken (mit den Pool säumenden griechischen Statuen), ausgedehnten Ruhebereichen, Gartenterrasse. Kabinen mit Cruising-Labyrinth, Solarien, Bar mit Imbiss-Möglichkeit. Zudem bot das *CU* eine Übernachtungsmöglichkeit (für geringes Aufgeld konnte man Ruhekabinen mieten), praktischerweise mit der Möglichkeit zum zwischenzeitlichen Verlassen der Sauna. Die Sauna selbst warb in Anzeigen mit ihrer umfangreichen Ausstattung: Täglich 24 Stunden geöffnet. Finnische Sauna, russisches Dampfbad, Schwimmhalle, Jetstream Massage, Hot Whirl-Pool. Jacuzzi, Gartenterrasse, Liegewiese, Tischtennis, großes Sonnenstudio, TV […]. Alles im Eintrittspreis inbegriffen […]. Außerdem über 50 Einzel-Privat-Kabinen (Übernachtungsmöglichkeit), Erfrischungs- und Snack-Bar, Frühstück ab 4 Uhr". Diese Erlebniswelt befand sich im Souterrain des Wohnhauses der beiden Betreiber Harald Tangermann (1932–1998) und Peter Daun (1941–1987). „Das Wandgemälde in der großen Schwimmhalle hatte extra für diesen Ort Tom of Finland entworfen und realisieren lassen (den beide 1968 auf Vermittlung von Gerhard Pohl kennengelernt hatten)", so Ulrich Würdemann, und er fügt an anderer Stelle einen wichtigen und zugleich ehrenden Hinweis hinzu: „Respektabilität nach außen bewahren und gleichzeitig im Inneren Freiräumen schaffen – dieser Gedanke der Homophilen-Bewegung der 1960er-Jahre mag sich auch in Nachklängen noch im *CU* gespiegelt haben. Und zugleich war die Eröffnung, auch nur kurz nach dem Höhepunkt der Homosexuellen-Verfolgung in Hamburg der frühen 1960er-Jahre ‚ein Schritt vorher unbekannten Ausmaßes für schwules Leben in Hamburg".

In den 1980er-Jahren begannen einige, den *Club Uhlenhorst* für unmodern, den antikisierenden Stil für überholt zu halten. Sie wanderten ab in die *Pool Sauna* oder ins *Front*. 1987 wurde der *Club Uhlenhorst* geschlossen. Als Gründe werden Probleme mit dem Ordnungsamt und Beschwerden der Nachbarn angegeben. Doch weist ein Blick auf das Todesdatum von Peter Daun (15. 12. 1987) auch in eine andere Richtung.

(Ulrich Würdemann: *Schwule Sauna Club Uhlenhorst 1969–1987*, 16.5.2012 unter https://www.2mecs.de/wp/2012/05/schwule-sauna-club-uhlenhorst…; Mustola/Delage, S. 38-41; HHaaW, S. 215, Mitteilungen von Peter Sülau. März 2022.)

III. 2 Borgweg 8

(zu Fuß zu erreichen von der U-Bahnstation Borgweg (U 3)

MHC/mhc

Am 1. April 1979 wurde die *Unabhängige Homosexuelle Alternative (UHA)* von ehemaligen Mitgliedern des *Clubs Albatros* im *Verband von 1974* (der u. a. aus der *IHWO* und somit der Zweiten Deutschen Homosexuellenbewegung hervorgegangen war) gegründet und 1982 ins Vereinsregister eingetragen. Seit Juli 1982 verfügte der Verein *UHA* über eigene Räume in einer ehemaligen Bäckerei am Borgweg 8, was dem damaligen schwulen Hauseigentümer zu verdanken war, der die Idee eines „Kommunikations-, Kultur- und Beratungszentrums" für Schwulen und Lesben unterstützte. Am 14. Mai 1983, dem 115. Geburtstag von Magnus Hirschfeld, wurde das nach ihm benannte „lesbisch-schwule Zentrum für Beratung, Kommunikation, Kultur und Jugend" mit einer Gala in der Musikhalle offiziell eröffnet. Im Dezember 1984 wurde im *mhc* die *Hamburger AIDS-Hilfe* gegründet. Beide Institutionen stehen und standen allen Gruppen der queeren Community zur Verfügung, so auch den Lederleuten. (HHaaW, S. 159 f., 225, 227 und 243.)

III. 3 Stadtpark/Blindengarten

Cruisinggebiet

Der südliche Teil des Stadtparks insbesondere der Blindengarten an der Otto-Wels-Straße (bis 2013 Hindenburgstraße) und die Blockhütte in Richtung Planetarium, ist ein beliebtes, wenn auch nicht ungefährliches Cruisinggebiet schwuler Männer, vor allem auch jener der Lederszene.

IV. Klostertor Hammerbrook St. Georg

Ausgangspunkt dieser Stadterkundung können der Hamburger Hauptbahnhof oder die U-Bahnstation Steinweg (U 1) sein.

IV. 1 Klosterwall 11

Markthalle

1913/1914 von Fritz Schumacher als Blumenhalle des Großmarktes errichtet. Nach längerem Leerstand seit 31. 12. 1976 Veranstaltungsort – u. a. im Rahmen der Hamburger Ledertreffen in den Jahren 2005 bis 2007.

IV. 2 Woltmanstraße 24

chaps/Chaps/New Chaps/new chaps

Nach der längst zu klein gewordenen *Loreley*-Bar und *Tom's Saloon* war das *chaps* die dritte Hamburger Lederkneipe. Eröffnet wurde sie am 16. Juni 1977 von Wolfgang Weiser und Klaus Kiele in einem repräsentativen Gründerzeitgebäude, das den Krieg überstanden hatte. Sie mieteten die Räume eines längst aufgegebenen Lokals an, in dem Menschen, die mit dem bis 1962 benachbarten Großmarkt am Deichtor und Klostertor als Händler, Bauern, Arbeiter und Angestellte verbunden waren, verkehrt hatten.

Die für eine Kneipe scheinbar abgelegene und fast unbewohnte Gegend lag im Kalkül der Inhaber des chaps: Ende der 1970er-Jahre waren die Lederleute in der Community oft nicht gern gesehen, konterkarierten sie doch die Anpassungsstrategie der zweiten deutschen Homosexuellenbewegung an heteronormative Kleidungs- und Verhaltensmuster. In aller Öffentlichkeit Lederkleidung zu tragen, war aber auch in der Lederszene nicht jedermanns Sache. Die zahlreichen Parkmöglichkeiten um das neue Lokal boten dessen Besuchern die Möglichkeit, sich im Auto umzuziehen (Leder, Fetischkleidung).

Der Name des Lokals bezog sich einerseits auf die chaparajos/chaps der Cowboys, andererseits auf die umgangssprachliche britische Wortbedeutung „Kerle"/„Typen"/„Burschen".

Das Konzept von Weiser und Kiele ging auf: Das *chaps* wurde zum angesagtesten deutschen Lederlokal: Dort trafen sich die Mitglieder des 1974 gegründeten *Motorsportclubs (MSC)*, der sich mit den Inhabern von *Tom's Saloon* überworfen hatte; dort wurden nach nordamerikanischem Vorbild Mr. Chaps/(Mr. Leather-Wahlen kreiert.

1980, drei Jahre nach seiner Gründung, wurde das *chaps* verkauft. Die nachfolgenden Inhaber hatten vor allem mit den Folgen der Aidskatastrophe zu kämpfen. Viele Stammkunden starben. Dennoch blieb das *chaps* ein beliebter Treffpunkt der Leder- und Fetischszene: hier erfolgte der Start in die Nacht. Um spätestens 1 Uhr wanderten überwiegend schwarz gekleidete Lederschwule, manche mit nackten Ärschen, in die jeweils zentral gelegenen Lederkneipen *Toms* und das 1985 gegründete *Black* in der St. Georg-Straße – die jüngeren Fetisch-Schwulen eher gleich ins *Black*.

Auch das am 1. April 2005 von Ingo Szogs, dem Inhaber von Mr. Chaps Leatherworks,

Chaps, 1980er-Jahre, Foto: Gerhard Pohl

in den alten Räumen eröffnete *new chaps* konnte sich nicht halten.

Der Tresen des *chaps* befindet sich heute im Museum der Arbeit in Hamburg-Barmbek, Wiesendamm 3; leider gibt es dort keine Erläuterung zu dessen Herkunft. Bedauerlich, dass er stumm ist, er hätte viel zu erzählen!

(*HHaaW*, S. 216–218, 206 und 209; Wikipedia-Artikel *Großmarkt Hamburg*; *Chaps*; Beran/Braeuer/Sülau S. 16-19; Auskünfte von Peter Sülau am 8. Und 16. 3. 2022.)

IV. 3 Wandalenweg 7

Patenbrigade (vormals *Pacha*)

Veranstaltungsort im Rahmen des Hamburger Ledertreffens 2007.

IV. 4 Wendenstraße 339

Bunker/Musikbunker

Fünfgeschossiger Hochbunker, 1941 erbaut, 1983 zum Schutzbunker vor Atomangriffen umgebaut. Heute Veranstaltungsort, u. a. im Rahmen des Hamburger Ledertreffens 2008

>>> Abstechermöglichkeit für die Stationen IV 5 und 6:

IV. 5 Brandshofer Deich 116

Nervenheilanstalt

Peter Goebel schreibt im *hinnerk* (August 2012) zum Ledertreffen 2012: „Der Liegeplatz der *MS Stubnitz* im Baakenhafen fällt wegen Bauarbeiten der U-Bahnlinie 4 weg, und ein Liegeplatz an der Überseebrücke ist schlicht und einfach zu teuer. […] Der veranstaltende *Spike e. V.* hat interessanten Ersatz gefunden. Unweit der Elbbrücken, am Brandshofer Deich [116], liegt die ‚*Nervenheilanstalt*'. Was sich wie eine psychiatrische Einrichtung anhört, ist ein altes Fabrikgebäude, das als expressionistisches Backsteinensemble 1928/29 für die ‚Schlesische Dampfer Companie Berliner Lloyd AG' gebaut wurde. 2008 wurde der Bau sowie das umliegende Areal von einem Kunstinvestor erworben und vor dem drohenden Abriss bewahrt. Mit seiner imposanten Bauweise beeindruckt er nicht nur Architekturliebhaber, sondern genauso Filmschaffende, Kreative und Künstler […]". Hier, direkt am Wasser, „feiert *Spike e. V.* die Hauptparty der diesjährigen Leatherparty am Samstag Abend. Shuttlebusse fahren ab 20 Uhr im 20–30 Minuten-Takt vom *Toms Saloon* zum Brandshofer Deich und zurück. In der ‚*Nervenheilanstalt*' wird es dann nicht nur den größten Darkroom geben, den Hamburg je gesehen hat, sondern neben dem räudigen Charme des alten Fabrikgeländes auf zwei Ebenen, Musik von den DJs Teal (Hamburg), Alban Berg (Berlin) und Kevinfunkt (Hamburg) und einen Außenbereich als Biergarten vor Hamburger Hafenkulisse".

IV. 6 Australiastraße

Schuppen 50 A

Die 50er-Schuppen sind 1908 und 1909 errichtet worden. Sie dienten bis in die 1960er-Jahre dem Umschlag von Waren im Südamerikaverkehr. Heute sind sie Standort des *Deutschen Hafenmuseums*.

Schuppen 50 A gehörte zu den Veranstaltungsorten des Hamburger Ledertreffens 2017.

IV. 7 Heidenkampsweg 32

(Kellerräume des *Kontorhauses Leder-Schüler*)

Eagle/Front

Das *Eagle* war 1981/82 die größte, allerdings erfolglose Hamburger schwule Lederbar.

Ihr folgte die schwule Disco *FRONT*. Sie wurde von dem Friseur, Schwulen- und Aidshilfeaktivisten Willi Prange (1949–2006) und dessen Freund Philip Clarke († 2003) am 4. März 1983 als Kontrast zum *Pit Club* und *Spundloch* gegründet. Das Besondere des *Front* waren einerseits der weitgehend leere Raum mit hellgrauen Wänden, viel sichtbarem Beton, Neon, einer kleinen Bar, einer Videowand mit mehreren Monitoren und einer DJ-Kabine und andererseits die gebotene New Wave-Musik: „Das *Front* wurde bekannt für seine House-Musik. Es war eine der ersten Discos in Hamburg, in denen die Schallplatten vom Discjockey gescratcht wurden, um Übergänge zwischen den Musiktiteln zu vermeiden und alte Titel zu neuen Melodien zusammenzufügen. Die Discjockeys entwickelten so den legendären *Front*-Sound" (*HHaaW*, S. 176). Im Laufe der Zeit entwickelte sich aus der schwulen Disco eine solche mit gemischtem Publikum. Aufsehen erregten Mottopartys, z. B. „Wiedervereinigung der Gleichen: Mann – Mann, Frau – Frau, Sau – Sau" – und auch Fetisch – Fetisch. Derlei Partys waren Willi Prange zufolge das Erfolgsgeheimnis seiner Disco.

Am 16. Februar 1997 schloss das *FRONT*. Danach fand bis 2001 jährlich eine umjubelte Revival-Party statt; bis 2011 gab es mehrere Veranstaltungen eines Fremdveranstalters mit Mitgliedern der Crew des ehemaligen *Front*.

Das *Front* war weit über die Grenzen Hamburgs hinaus berühmt und besaß in etwa den Ruf, den später das Berliner *Berghain* hatte bzw. hat. Unter dem *Front*-Label wurde Musik veröffentlicht.

Berühmt sind auch die im *Front* gemachten Fotos von Rüdiger Trautsch (1946–2021), die u. a. in der Wochenzeitung *Die Zeit* veröffentlicht worden sind.

Front-DJ Boris Dlugosch: „Die Zeit, in der ich dort arbeitete, war der Freitag […] generell nur für Männer. Aber es gab auch noch den Mittwoch muss man dazu sagen, das war der ‚Cowboy-Stiefel'-Tag. Da durften alle rein. Freitag dann ‚men only' und Samstag DER Abend […]. Es gab im *FRONT* Motto-Partys, heute total verpönt. Damals waren es schräge Mottos wie ‚Putzfrau' oder ‚DDR', da gab es dann einen ‚Grenzer' an der Tür und alle Leute verkleideten sich als Ossis' […] Für so eine Motto-Party hat jemand diese Monitoren angeschleppt. Aber Schwulen-Pornos haben da nicht das Bild geprägt, nein. Dafür gab es genug anderes zu sehen: SM-Pärchen, Männer in Chaps mit freiem Arsch, ihrem Partner an der Hundeleine. Was einen solchen Laden aber ausmacht, kann man schwer beschreiben. Das ist ja meistens gar nicht ‚von oben' geregelt, sondern ergibt sich".

Das denkmalgeschützte expressionistische Gebäude des Architekten Fritz Höger (1877–1949) soll abgerissen werden, womit die letzte sichtbare Erinnerung an das *Front* verschwinden wird.

Eröffnungsfoto *Front*, März 1983: Willi Prange, Jürgen Hauptmann, Phillip Clarke, Horst Menzen und Mitglieder der *Front*-Crew.
Foto: Rüdiger Trautsch

(*HHaaW*, S. 175 ff.; Wikipedia-Artikel *Front (Diskothek)*, *Kontorhaus Leder-Schüler*; Ulrich Würdemann: *Front* (1983-1997), 12. Mai 2015 unter https://www.2mecs.de/wp/2015/05/front; *Boris Dlugosch: „Auf der Tanzfläche, mit 17 denkt man nicht daran, dass dies irgendwann Geschichte wird"*. Interview mit Lars Fleischmann und Thomas Venker über den legendären Hamburger Club *FRONT*, in: *Kaput, Magazin für Insolvenz und Pop*, 19.7.2020 unter https://kaput-mag.com/stories-de/boris-dlugosch_front_auf-der-tanz.)

IV. 8 Pulverteich 37

Dragon Sauna

1996 als *Badehaus Dragon* eröffnet, später in *Dragon Sauna* umbenannt, Umgestaltung 2016. Bei Lederleuten beliebt. (*hinnerk*, Ausgabe 2/3, 2019, S. 30 f.)

IV. 9 Pulverteich

Pool Sauna

Diese Sauna existierte von 1982 bis 1984. Sie war ein Gegenentwurf zu dem zunehmend als altmodisch empfundenen *Club Uhlenhorst*. Die *Pool Sauna* war vierstöckig, weitläufig, ausgestattet mit Dampf- und Trockensauna, Whirlpool und umfangreichem Kabinenbereich sowie einem Restaurant.

(Ulrich Würdemann: *Pool Sauna Hamburg – ehemalige schwule Sauna abgerissen*, 20.1.2012 unter https://www.2mecs.de/wp/2012/01/pool-sauna-schwul-hamburg; Auskunft Peter Sülau am 8.3.2022.)

IV. 10 Pulverteich 21

Hein & Fiete – der „schwule Checkpoint"/ „der schwule Infoladen"

Auf Initiative der 1979 gegründeten *UHA (Unabhängige Homosexuelle Alternative e. V.)* ist eine Reihe wichtiger Institutionen der schwulen Community zurückzuführen, z. B. die *Stonewall-Aktionswoche* seit 1983 (die heutige *Pride-Woche*), der Gedenkstein für die homosexuellen Opfer des Nationalsozialismus im KZ Neuengamme auf dem Gelände des ehemaligen Konzentrationslagers (1985), die Gründung der *AIDS-Hilfe Hamburg* (1984), der *Bibliothek Schwulenkultur*, des Radiosenders *Pink Channel* und schließlich – 1989 – des zentral gelegenen innenstadtnahen HIV-Präventionsprojekts *Hein & Fiete*. Heute ist *Hein & Fiete* nicht allein für die HIV-, sondern auch für die STI/STD-Prävention zuständig. Überdies informieren Mitarbeiter von *Hein & Fiete* über alle Aspekte schwulen Lebens und beraten, wenn dies gewünscht wird. Willkommen sind alle Angehörigen der queeren Community, natürlich auch alle Fetischliebhaber.

(Internet-Artikel: *Historie – Magnus-Hirschfeld-Centrum (30 Jahre mhc – magnus hirschfeld centrum)*; *HHaaW*, S. 159 f.)

IV. 11 Pulverteich 17

Tom's Saloon/Tom's/Toms/Harald Tangermann/Peter Daun/Tom of Finland/Harald Gressl/BeV StroganoV/Ulrich Tangermann/David Schneider/*Down/Pit Club/Up, P.i.t.&Male/Toms Dancehall*

Die ersten Lokale für Lederschwule in Hamburg entstanden auf St. Pauli. Ledermänner hatten während der ersten zwei Jahrzehnte nach dem Zweiten Weltkrieg einen ähnlich schlechten Ruf wie Tunten, konterkarierten sie doch den Versuch der bürgerlich geprägten zweiten deutschen Schwulenbewegung, durch Anpassung an heterosexuelle normen die Aufhebung des Sonderstrafrechts gegen gleichgeschlechtlich empfindende Männer zu erreichen. Willkommen waren Ledermänner zuerst im *Flamingo* in der Kastanienallee 33 auf St. Pauli. Als reines Lederlokal etablierte sich 1967 die *Loreley*-Bar in der Detlev-Bremer-Straße 44. Schon kurze Zeit später aber war sie zu klein geworden, da die Lederszene Jahr für Jahr wuchs. Deshalb eröffneten der Kaufmann und Kellermeister Harald Tangermann (1932–1998) und der Seemann und Berliner Polizist Peter Daun (1941–1987; ihre gemeinsame Grabstätte befindet sich auf dem Ohlsdorfer Friedhof, Grablage AA 25, 100–101) im neu entstehenden hanseatischen Gay-Zentrum in St. Georg im Oktober 1974 *Tom's Saloon* im Keller des Hauses Pulverteich 17. Mit dem *Tom's* hatten Tangermann und Daun allerdings mehr als eine x-beliebige Lederbar beabsichtigt. Ihr Ziel war ein Gesamtkunstwerk, das maßgeblich von Tom of Finland (1920–1991) gestaltet wurde. Blickfang wurde eine Wandinstallation aus passend zusammengefügten qualitativ hochwertigen Reproduktionen von Toms Arbeiten, die einem Wandgemälde glich. Über das, was dann geschah, gibt es mehrere Narrative. Der eine Erzählstrang lautet: Ende der 1980er-Jahre wurden die Wandzeichnungen Toms of Finland übermalt – sei es, weil ein ahnungsloser Lokalbetreiber deren Wert nicht erkannt hatte (was wenig glaubhaft ist), sei es (wie Harald Gressel in einem Interview 2010 sagte), weil die Zeichnungen derart unansehnlich geworden waren, dass Tom selbst deren Übermalung verlangt habe. Zur selben Zeit wurde *Tom's Saloon* in *Down* umbenannt. 1993 gestaltete die Berliner Tunte, der Schwulenaktivist, Modedesigner und Entertainer BeV StroganoV (*1963) die Wände des *Toms* in Anlehnung an Tom of Finland neu. Eine andere Version geben Kati Mustola und Alice Delage: Nach Dauns Tod im Jahr 1987 habe Tangermann dem Lokal ein völlig anderes Gesicht geben wollen, indem er im Billardraum 29 beleuchtete Glasvitrinen aufstellen ließ, in denen Toms Zeichnungen zu sehen waren. Gleichzeitig habe er *Tom's Saloon* in Erinnerung an seinen verstorbenen Partner in *Down* umbenannt. Aus der 1973 eröffneten Diskothek *Pit Club* für die unpolitische Amüsierjugend sei folgerichtig das *Up* geworden. Diese Namen haben sich allerdings nicht durchgesetzt. Aus dem *Up* wurde nach Zwischenbenennungen schließlich *Toms Dancehall*, während aus dem *Down* wieder *Toms Saloon* wurde, diesmal ohne Apostroph. 1994 seien die Originalzeichnungen in den Glasvitrinen des *Tom's* durch Reproduktionen ersetzt worden, weil sie zunehmend unter dem Zigarettenrauch der Bar litten. Dies sei auch der Grund dafür gewesen, dass Toms Installation schon der Umgestaltung der Bar im Jahr 1988 zum Opfer gefallen war – und zwar auf den ausdrücklichen Wunsch von Tom of Finland hin, worauf Ulrich Tangermann, geb. Junge ausdrücklich aufmerksam machte.

1990 übernahm Harald Gressel *Tom's Saloon*. Im Oktober übergab er es seinem langjährigen Mitarbeiter und Barkeeper David Schneider (*1984, Mr. Leather Hamburg und Mr. Leather Germany 2010), ein Jahr später (2014) beging *Tom's Saloon* sein vierzigjähriges Bestehen. Und 2019 feierte *Toms Saloon*, das einzige Lokal dieser Art, dessen Name von Tom of Finland autorisiert worden war, sein fünfundvierzigstes Bestehen.

Die Tangermann-Sammlung ist seit Harald Tangermanns Tod im Jahr 1998 Eigentum seines ehemaligen Partners und heutigem Vorstandsvorsitzenden von *Tom's Club Hamburg e. V.* Ulrich Tangermann.

Der „strictly dresscode" der Lederbar wurde nach einigen Zwischenschritten im Jahr 2005 aufgehoben. In seinem Interview mit dem Schwulenmagazin *Schwulissimo* vom 14. Juni 2019 führte David Schneider aus: „Die Verbindung zwischen Tom of Finland und dem *Toms* [...] bleibt erhalten. Aber das *Toms* passt sich der Zeit an und verändert sich in kleinen aber feinen Schritten. Wir feilen am Licht- und Soundkonzept und sind sicherlich nicht mehr so fetischorientiert wie vor 6 Jahren. [...] Heutzutage kann man nicht mehr von einer Lederbar sprechen. Ich habe nach Übernahme das Konzept ganz bewusst geändert und aus einer Lederbar, an der die Zeit teilweise auch nicht spurlos vorbeigegangen ist, einen Club erschaffen, in dem sich Männer von jung bis alt zum Feiern und Tanzen ebenso treffen können wie für ein Feierabendgetränk am Tresen, eine aufregende Nacht an der Bar und manchmal eben auch noch mehr ... Und dabei ist es heute vollkommen egal, ob sie Fetisch, Flanellhemd, kurze Hose oder Parfüm tragen und anderswo als Hipster durchgehen würden – getreu meinem Motto ‚Jeder ist gleich". Und jeder soll jeden so akzeptieren, wie er ist".

(*HHaaW*, S. 170f., 175, 206, 208, 214-216, 310 und 333; Mustola/Delage, S. 39-44; Wikipedia-Artikel *BeV StroganoV*, *Toms Saloon*; *SCHWULISSIMO im Gespräch mit Harald Gressl*, in *Schwulissimo*, 1.10.2010; *German Mister Leather: David Schneider*, in: *Schwulissimo*, 6.5.2010; *Generationswechsel im Tom's Saloon, Gratulation für David Schneider* unter http://www.gaybars.eu/deu/de/Generationswechsel_im_Toms_S; id: *45 Jahre Toms Saloon: Eine bewegte Geschichte*, in: *Schwulissimo*, 3.6.2019 unter https://www.schwulissimo.de/region/hamburg/45-jahre-toms-saloon...; Christian Knuth: *hinnerk gratuliert: 45 Jahre Toms Saloon*, in: *hinnerk*, 18.6.2019 unter https://www.blu.fm/hinnerk/party/45-jahre-toms-saloon; *The Tangermann-Collection und The Creation of Man: Tangermann Collection*, in: Judin/Karstens: *Made in Germany: Tom of Finland*, S. 49–134.)

IV. 12 Kleiner Pulverteich 25

Basement XXV the Cage of Domination Club/ Fetish Club-the Cage/Studio 23 (ehem. Basement XXV)/Sexplosion (at Basement XXV)

Eröffnet 2015 als S/M-Klub nur für Männer. Unter https://hamburg.gaycities.com/bars/307887-basement-xxv ist folgender Text zu finden: „Well-equipped, red-lit SM space catering to Leather, rubber, underwear and sportswear fetishists, but with no overall dress code (except for themed nights). *Basement XXV* is operated by *Toms Saloon* and was started in September 2015 around the corner“ in the now-defunct basement space in Kleine Pulverteich 23. In 2016 *Toms* then moved its *Basement* to a space just two doors away.[...]“.

Die genannte Seite enthält weiterhin den Vermerk „Closed Temporarily“. Auch die Internetseite „*Studio 23 (ehem. Basement XXV)*“ vermerkt: „vorübergehend geschlossen“.

Die Seite https://hamburg.gaycities.com/bars/303038-sexplosion-at-basement enthält den folgenden Text:

„*Sexplosion (at Basement XXV)* no longer happening. Formerly: *Toms of Hamburg/Erection (at Domination)*:

The naked and the orgiastic: Located literally and metaphorically in the shadow of *Toms Saloon*, this intimate, well equipped basement area specialises in naked play despite the leather-sex-friendly equipment and amenities (four slings, St. Andrew's Cross, cages etc.). When closed to the public the space is used by the owner, who was adopted by one of the original owners of *Toms* in the early 1970s. Opened in 2009 as *Sexplosion*, then in 2011 controversially changed name to *Tom's of Hamburg*, Then to *Domination* from March 2012. The space closed in April 2014 but re-opened a month later, under new ownership, available only for private hire. In 2015 the name changed again, to *Basement XXV*. And from June 2015 local bar *Contact* started staging *Sexplosion* naked sex orgies here every third Saturday in the month. In 2016 the Kleine Pulverteich 25 location stopped as a sex space, and *Toms* moved its *Basement XXV* concept to Pulverteich 25“.

IV. 13 Kreuzweg 6

Tusculum

Das 1960 von Christian Westphal am Kreuzweg gegründete *Tusculum* (das dritte dieses Namens in Hamburg) gehörte zu den beliebtesten Schwulenlokalen der Freien und Hansestadt Hamburg. Sein Interieur bestand nach dem Vorbild von *Charly's Nightclub* in Berlin aus drei Rundtresen, wodurch die Gäste leichter miteinander in Kontakt kamen. 1972 ging das *TUS* in die Hände von Peter Wulff über, ein weiterer Inhaberwechsel erfolgte 1991. 2007 wurde das Tusculum geschlossen. In dessen Räumen befindet sich nun *Daniel's Company Bar* (kurz: das *Daniels*), ebenfalls eine Schwulenbar.

Das *Tusculum* war einer der Veranstaltungsorte beim zweiten Hamburger Ledertreffen im Jahre 1974.

IV. 14 Kirchenweg 20/ Rostocker Straße 7

Integrations- und Familienzentrum (IFZ) SCHORSCH

AIDS-Seelsorge, Rainer Ehlers (= Jarchow)/ Nils Christiansen/Detlev Gause/Thomas Lienau-Becker

Zwischen 2015 und 2017 entstand der Neubau des *Integrations- und Familienzentrums (IFZ)*, der das alte *SCHORSCH*, eine Einrichtung der Kinder-, Jugend- und Familienarbeit der evangelisch-lutherischen Kirchgemeinde St. Georg-Borgfelde, ablöste. Im Zusammenhang mit dieser Stadterkundung ist erwähnenswert, dass im neuen *SCHORSCH* nun auch die AIDS-Seelsorge, die zur Evangelisch-lutherischen Kirchgemeinde St. Georg-Borgfelde gehört und in der Dreieinigkeitskirche und ihren Gottesdiensten ihr ideelles Zentrum hat, Raum fand. Ihre bisherigen Räumlichkeiten am Spadenteich 1 (neben der Dreieinigkeitskirche) waren längst zu klein geworden. Gegründet wurde die Hamburger AIDS-Seelsorge Anfang der 1990er-Jahre. Erste Aidsgottesdienste, initiiert von Miguel-Pascal Schaar (* 1968), gab es in der Freien und Hansestadt Hamburg 1992; ein Jahr später wurde innerhalb der Hamburger Kirche der Fachausschuss

Aids-Seelsorge gebildet und die Stelle für einen schwulen Pastor ausgeschrieben. Erster deutscher Aids-Pastor wurde 1994 Rainer Jarchow (heute Rainer Ehlers, *1941). der zur Kölner und Hamburger Lederszene gehörte, was insofern günstig war, als viele Männer der Leder- und Fetischszene hiv-positiv wurden und an Aids erkrankten, für die der „Leder-Pastor" Jarchow ein verständnisvoller und kompetenter Gesprächspartner sein konnte. Eine zweite Aids-Seelsorgestelle für fünf Jahre wurde 1995 geschaffen und mit Pastor Nils Christiansen (*1964) besetzt. 2004 schied Jarchow altersbedingt aus dem Amt; sein Nachfolger wurde Detlev Gause (*1952), der am 26. 8. 2018 als Aidspastor verabschiedet wurde. Seither hat Thomas Lienau-Becker (*1959) dieses Amt inne. Auch wenn die Institution Aids-Seelsorge heißt und im christlichen Glauben verankert ist, wird in ihr nicht nach Kirchen-, Konfessions- und Religionszugehörigkeit gefragt. Zu den wiederkehrenden Veranstaltungen der Aids-Seelsorge gehört am 30. November der jährliche Gottesdienst zum Welt-Aids-Tag (am 1. Dezember) in einer der innerstädtischen Hamburger Hauptkirchen (St. Michaelis, Katharinen, Jacobi, Petri) oder in der Dreieinigkeitskirche St. Georg. Nach dem Gottesdienst fand seit 1995 als Demonstration ein „Candle-Light-Walk" von der jeweiligen Kirche zu *Hein & Fiete* am Pulverteich statt, um die Hamburger Bevölkerung auf die Aidsproblematik aufmerksam zu machen. 2022 allerdings wurde auf den Candle-Walk verzichtet, da die Teilnehmerzahl immer mehr zurückging. Dies gilt auch für die Aidsgottesdienste, die während der Aidskatastrophe von bis zu 300 Personen besucht worden waren; heute freut sich der Pastor schon über 30 Besucherinnen und Besucher.

Nach wie vor zählen zur Aidsgemeinde Ledermänner, die trotz HIV-Infektion die Aidskatastrophe überlebt haben. Auch die beiden Ausstellungsmacher gehören zu dieser Gemeinde.

(Internet-Auftritt *SCHORSCH – aktuelle Infos*; *HHaaW*, S. 230 f.)

IV. 15 Zimmerpforte 1

Extratour

Lange Zeit eine Stricherkneipe, ist *Extratour* ein beliebtes „seriöses", umtriebiges Schwulenlokal mit großem Auftritt auf dem Hamburger CSD geworden. Gegründet wurde das Lokal 1989 und beging somit 2019 sein dreißigjähriges Bestehen. Seit 2012 trifft sich der 1995 gegründete Montagsstammtisch der Aids-Seelsorge. Ursprünglich hieß er *Leder positiv*, heute trägt er den Namen *Georgs Stammtisch* (Auskunft Peter Sülau).

IV. 16 Greifswalder Straße 23

Mr. Chaps Leatherworks

Horst Menzen/Andrew Day/Ingo Szogs

1985 gründeten Horst Menzen und Andrew Day in der Schmilinskystraße 9 die Lederschneiderei *MR. CHAPS LEATHERWORKS*. Beide erkrankten an Aids und starben im Jahr 1989. Auf Grund ihrer Erkrankung übergaben sie ihr Geschäft an Rolf-Ingo Szogs, dem Inhaber von *REMEDY*, „einem der ersten schwulen Erotik- und Fetisch-Versender in Deutschland". 1994 erfolge der Umzug in die Gurlittstraße 47 und 2003 in einen alten Weinkeller in der Greifswalder Straße 23. Im Jahr 2023 übergab Ingo Szogs sein Geschäft einem Nachfolger.

(Internetauftritt: *Willkommen bei MR. CHAPS – History*; *HHaaW*, S. 218; Beran/Braeuer/Sülau S. 76 f.; https://www.maenner.media/locations/mrchaps; https://mr-chaps.de/history.)

IV. 17 Rostocker Straße 20/ Ecke Danziger Straße

S.L.U.T. Club

Das *S.L.U.T.* (Sex. Liebe/Lust und/Triebe) ist eine in Hamburg bekannte und beliebte Fetisch-Bar (Leather, Army, Rubber, Skingear, Sneaker, Sportwear, S/M"). Seit 1996 wird das *S.L.U.T.* von Thoas Pfizenmaier betrieben. (Lorenz Hartwig: *Im „Slut Club" ist die Freiheit zu Hause*, in: *VICE I Deutschland*, 11.3 .2016 unter www.vice.com/de/read/im-slut-club-ist-die-freiheit-zuhause-hamburg-816.)

IV. 18 Danziger Straße 51

Diva/Strictly-Men Bar/Contact Bar

In der Danziger Straße 51, gegenüber dem Dom St. Marien, befand sich einst das beliebte schwule Leder- und Fetisch-Lokal *Strictly-Men*. Vorgänger war eine Schwulenbar mit Namen *Diva*, und Nachfolger war bis zum 30. Juni 2022 die schwule *Contact Bar* – beide ohne Bezug zu Leder und Fetisch.

IV. 19 Danziger Straße 21

Black/Black Change

Seit 1985 ursprünglich in der St. Georg Straße angesiedelt, befand sich die schwule Lederkneipe *Black* von 1989 bis 2004 in der Danziger Straße 21. Das *Black* mit Tanzfläche und Darkroom war ein beliebter Club der Leder- und Fetischszene.

IV. 20 Schmilinskystraße 9

Mr. Chaps Leatherworks

In diesem Gebäude befand sich Mitte der 1980er-Jahre der erste schwule Lederschneider Hamburgs (siehe unter *Mr. Chaps Leatherworks*, Greifswalder Straße).

IV. 21 Koppel 1/ Ecke St. Georgs Kirchhof

Moonlight/Der Faun/Mezzo

In dem großen Eckhaus befand sich zwischen 1991 und 2002 eine Schwulenkneipe, deren Name wechselte. Von 1995 bis 2000 fand hier der Montagsstammtisch *Leder positiv* der Aids-Seelsorge statt. Am 6. Januar schrieb Peter Sülau an Gottfried Lorenz: „Im jetzigen *Leon* befand sich in den 90er-Jahren eine Kneipe namens *Mezzo*. Eine schwule Kneipe, eher rustikal und einfach eingerichtet. Aber ideal für den Stammtisch. Das war es seinerzeit auch für das Zusammensitzen nach den Aids-Gottesdiensten. Obwohl sonntags grundsätzlich geschlossen, öffnete das ‚*Mezzo*' immer am letzten Sonntag des Monats. Dort haben wir über Jahre die Gottesdienste nachwirken lassen. Oft über Willi steigend, den Bernhardiner von seinerzeit Rainer Jarchow [damals Aids-Pastor, heute Rainer Ehlers], der dick am Eingang lag. Nach Aufgabe des *Mezzo* wurde dort umfangreich renoviert und saniert, nur der Sanitätsbereich und der Aufbau des Tresens erinnern noch an die frühere Kneipe".

IV. 22 St. Georgs Kirchhof 14

Heilige Dreieinigkeitskirche (umgangssprachlich: St. Georg-Kirche); Tom Fecht: *Namen und Steine – Windrose II*

Der barocke Turm täuscht. Die Kirche stammt aus dem Jahr 1957, nachdem der Vorgängerbau im Juli 1943 der Operation Gomorrha zum Opfer gefallen war. Der Turm ist nach den ursprünglichen Plänen rekonstruiert und 1962 fertig gestellt worden. In der Turmkapelle befindet sich eine Kreuzigungsgruppe aus der Zeit um 1490. Sie war der Endpunkt eines Kreuzwegs, der vom Hamburger (Alten) Mariendom am Domplatz in der Hamburger Altstadt südlich der Kirche St. Petri bis zur Dreieinigkeitskirche vor den Toren der Stadt führte. Eine Kopie dieser Kreuzigungsgruppe steht unweit des Kirchturms auf dem Platz vor der Kirche. Eine Skulptur des Namensgebers des Siechenhauses als Ursprung des Stadtteils St. Georg – des Heiligen Georgs

Denkmal *Windrose II* von Tom Fecht für an Aids verstorbene vor der St.-Georgskirche

– befindet sich im Hof der Dreieinigkeitskirche und wurde 1958 von dem Bildhauer Gerhard Marcks (1889–1981) geschaffen.

Die Dreieinigkeitskirche ist die Mutterkirche der Hamburger Aidsseelsorge. Hier war Pastor Rainer Jarchow als erster Aids-Pastor tätig, hier arbeitete Pastor Nils Christiansen, und hier wirkte Pastor Detlev Gause mit seinen Mitarbeitern und Mitarbeiterinnen. Sein Nachfolger wurde 2018 Thomas Lienau-Becker. Die Aids-Gottesdienste, die auch als Gottesdienste der schwul-lesbischen/queeren Community bezeichnet werden können, finden als Gemeindegottesdienste der Kirchgemeinde St. Georg-Borgfelde an jedem letzten Sonntag im Monat um 18.00 Uhr statt.

Insbesondere die von der Aidskatastrophe besonders betroffenen Lederleute bildeten einen Schwerpunkt der Arbeit des ersten Aidspastors. Nicht gefragt wurde und wird nach der konfessionellen oder religiösen Zugehörigkeit der Gemeindemitglieder.

Auf dem Pflaster vor dem Kirchturm befindet sich seit dem 1. Dezember 1994, dem Welt-Aids-Tag, die *Windrose II* des Projektes *Namen und Steine/Mémoire nomade* von Tom Fecht (* 1952). Hierbei handelt es sich um eine Installation in der Form eines Kreuzes von unterschiedlich aussehenden Steinen, die die Namen von Menschen tragen, die an Aids gestorben sind. Zu den Todesopfern der Aids-Katastrophe gehörten überproportional viele Männer aus der Leder- und Fetisch-Szene. Vor den Gottesdiensten der Aids-Seelsorge werden die Namenssteine mit Blumen geschmückt. Ansprechpartner für das Verlegen neuer Steine ist die Hamburger Aids-Seelsorge. Diese ist jedoch nicht Eigentümerin des Projektes, sondern die Deutsche AIDS-Stiftung.

(Wikipedia-Artikel: *Hl. Dreieinigkeits-Kirche (Hamburg-St. Georg)*, *Tom Fecht*; Internetauftritt AIDS-Seelsorge Hamburg; *St. Georg bekommt seine Kreuzigungsgruppe zurück*, in: *Die Welt*, 18. 12. 2003; *HHaaW*, S. 242, 331 und 334.) ■

Hans Eppendorfers Buch *Der Ledermann spricht mit Hubert Fichte* und die Hamburger Lederszene

Nur wenige Jahre nach der Gründung des MSC Hamburg sah dieser sich mit scheinbar begründeten negativen Urteilen über die schwule Lederszene in Hamburg und darüber hinaus konfrontiert: Im Jahr 1977 erschien im renommierten Frankfurter Verlag *Suhrkamp* das Buch *Der Ledermann spricht mit Hubert Fichte* (1935–1986). Als Verfasser wird genannt Hans Eppendorfer (1942–1999), geboren als Hans-Peter Reichelt, der sich seit seiner Eheschließung 1971 Eppendorfer nannte). Das 7½ Seiten umfassende Nachwort stammt von Herbert Jäger (1928–2014). Sowohl Fichte als auch Jäger und Eppendorfer waren in Hamburg bekannte Persönlichkeiten. Das Buch wurde zum „Aufreger" in der Lederszene; dem *Spiegel* war es eine ausführliche Rezension wert.

Hans Eppendorfer *Der Ledermann spricht mit Hubert Fichte*, Suhrkamp Verlag, Frankfurt, 1980

Das Kapitel *September 1973* (S. 98–144) beginnt mit Hubert Fichtes Feststellung: „Hans, du hast im August [1973] das Ledertreffen organisiert", die Eppendorfer die Gelegenheit bietet, sich ausführlich über die Hamburger Lederszene zu äußern: sie bestehe aus einer „kleinen Clique", die sich in der einzigen Hamburger Lederbar, der Loreley auf St. Pauli, treffe. „Ein bißchen Sadomasochismus, ein bißchen Koketterie mit Leder, ein bißchen Fetischismus, mehr ist da eigentlich nicht" (S. 98). Diese kleine Clique von Lederleuten besuche „laufend die Ledertreffen in Amsterdam, Berlin, Köln, München" und ab und zu in New York und San Francisco und habe den Wunsch gehabt, „in Hamburg endlich auch mal sowas auf die Beine zu stellen" (S. 98). Eppendorfer beziffert die Zahl derer, die in Hamburg an der Lederszene „interessiert" seien, auf „50 bis 100 und natürlich eine Menge Sympathisanten, eine Mischung von Leuten, die gerne Jeans tragen, die gerne Stiefel tragen und dann eben eine Lederjacke dazu" (S. 98). Eppendorfer führt aber auch an, dass es „in Hamburg eigentlich nicht soviel Motorradleute [gebe], die mit Ledermonturen und Motorrad in die ‚Loreley' kommen", um gleich danach auf „eine spezielle Gruppe von Sadomasochisten" zu kommen, über die er ausführlich berichtet. Diese Gruppe bestehe aus Männern, „die in der Auspeitschung irgendwelcher gefesselter Körper eine Faszination sehen oder wenn sie ein Opfer auf eine Streckbank gebunden haben, eine Vergewaltigung des Opfers simulieren und daran ihre Freude haben oder – es sind hier in Hamburg zwei Leute, die haben sich die Brustwarzen mit kleinen Silberstiften durchbohrt oder die jagen sich dann solche Rouladennadeln durch den Hodensack und haben dabei ihren Orgasmus, das ist nur diese ganz enge Gruppe. Die andere Gruppe ist eben auf Faust-Fucking und diese Dinge spezialisiert, Binden der Opfer, Auspeitschen" (S. 98, siehe auch S. 99). Doch handele es sich bei der Hamburger Szene um „zahnlose Hunde, die woanders was gesehen haben" (S. 99).

Das erste Hamburger Ledertreffen beurteilt Eppendorfer positiv; es sei von allen Treffen, an denen er teilgenommen hatte, mit rund 470 Besuchern das „umfangreichste" gewesen, und er kommt zu dem Schluss: „Es war wohl das intensivste und das lautstärkste Ledertreffen, das wir hier in Europa haben stattfinden lassen können" (S. 99).

Auf Fichtes Feststellung hin, dass Eppendorfer „den Platz an der Kasse" gehabt habe, und auf die Frage, wie er den Verlauf des Treffens beurteile, antwortet Eppendorfer: „Selbstverständlich haben wir echte Lederleute dabei gehabt, selbstverständlich haben wir verkappte Tunten dabeigehabt [sic], für die Leder nichts weiter war als eine Maskerade, und natürlich haben wir viele sogenannte Sehleute dabei gehabt, einfache Leute, die eine gewisse Neugier angezogen hat, der Ruch der Perversion, die Gier nach Sensation und es wurde ja vorher ungeheuer viel gemunkelt. Man wollte einfach dabei sein. [...] Eine gewisse Übersteigerung war natürlich da, eine gewisse Wunschvorstellung von einer Orgie der Maskulinität, der Männlichkeit schlechthin. Man hoffte eben [,] da diese Traumtiere, die man sonst nirgends finden konnte, dort zu entdecken. Und es kamen schon einige irre Typen, das muß man sagen. Wir hatten Leute aus Amerika, aus Australien, aus der Schweiz, aus Frankreich, aus England, viele Leute aus Brüssel, aus Holland, aus Österreich, aus Schweden, aus Dänemark, es war eigentlich alles da. [...] Man zeigte viel Haut. Man zeigte verdrängtes Genital, hochgezogen in der Lederjeans, in der normalen, verwaschenen Jeans mit kleinen Löchern und dann liefen die ersten Spielfilme an. Amerikanische Filme, die von drüben mitgebracht worden waren und die einfach sehr viele maskuline Kerle zeigten. Es war eben dieser Touch der Zeichnungen des Tom of Finland. [...] Und dann ging es eigentlich los – eine Orgie in Raten, würde ich sagen. [...] Das war eine geschlossene Gesellschaft, man war gewissermaßen *entre nous*, man konnte tun und lassen, was man wollte [...] Und dann geschah eigentlich etwas, daß in der Anonymität der Nacht, der Dunkelheit, die Körper ihre Gesichter, ihre Stimmen verloren und einfach nur noch Körper waren, Gesäß, Genital, Hand, Fuß, Atem, Pulsschlag. Sonst nichts. [...] Man gab sich einfach nur noch hin, man lieferte sich nur noch aus. [...] Wir sind ja im Alltag genormt, programmiert. [...] Und da war möglicherweise dies Ledertreffen die Chance zum Ausbruch auf Zeit. [...] Für diese Leute war die Sache eine Art von, nennen wir es mal, Tempel. [...] Ich glaube, wir waren in diesem Augenblick, als wir eine mit Boys und Ketten gesicherte Tür hatten, waren wir plötzlich eine Art Arche Noah aus dem Alltag heraus. [...] Die Vorlieben der Leute sind unterschiedlich. [...] Die Leute, die Urin trinken. Leute, die sich vollurinieren lassen. Auf den nackten Körper, auf das Leder, auf die aufgerissene Ledermontur. Hinein. Wie auch immer. Andre Leute, die einfach Genuß daran haben, von Leuten bespien zu werden, gebummst zu werden, die es lieben, besudelt zu werden, im Schmutz sich zu suhlen, einfach diese, diese, diese Vorliebe für den Schmutz, der Erniedrigung, des Gequältseins, des sich selbst Ausradierens, einfach nur noch Ware, nur noch Fleisch, nur noch Körper, nur noch hechelnder Leib zu sein. Gewiß gehört natürlich auch dazu, daß sich einige Leute mit der Faust ficken ließen [...]" (S. 99–102).

Nach Eppendorfers Erwähnung unterschiedlicher sadistischer Handlungen an einem schwedischen Gast des Ledertreffens fragt Fichte, ob es „noch schwerere Mißhandlungen gegeben" habe. Eppendorfer, der seine Darstellung nicht als Misshandlung, sondern als sadomasochistisches Spiel geschildert hatte, antwortet „ich glaube nicht", weil „diese Art der freien Artikulation von Wünschen und Hoffnungen" neu war und Freiheit eine Sache sei, „die man auch erst üben muß". Man müsse „sehen, wie es bei dem nächsten Ledertreffen aussehen wird, wenn die Leute sich ein bißchen an eine Freizügigkeit gewöhnt haben". Eppendorfer berichtet von seinen Rundgängen beim Ledertreffe 1973 und beobachtete dabei, „daß von neun bis elf eine Phase von normalem Sex stattfand, also: Mundverkehr, Analverkehr, gegenseitige Onanie. O. K. Da war gewissermaßen das Vorfeld eingeheizt. Zwischen elf und Mitternacht begann dann die Urinphase. Es hing auch mittelbar mit dem Abspielen der verschiedenen Filme zusammen, ich glaube in der zweiten Phase des Abends kam dieser Film über die Fickerei mit der Faust beispielsweise, über das Auslecken des Afters und all diese Geschichten, gewisse sadistische Spielereien, mit Nadeln durch den Hodensack, mit Knebeln von Brustwarzen mit Abschnüren des Genitals usw. und das war gewissermaßen eine Steigerung zu einer größeren erotischer Streuung. Und das war dann ganz bemerkenswert, daß sich die Leute dann zurückzogen in den kleinen Garten, jemanden an den Baum gebunden hatten und dann mit einer Auspeitschung anfingen, dann mit Fäusten agierten und dann mit Knebelung von Brustwarzen, mit Urinieren und all diesen Sachen. Der Abend hob sich eigentlich an. Die erste Geilheit, die erste Gier war weg. Es ging dann zu subtileren Formen zur Sexualität. Verwundungen sind keine beigebracht worden. Hin und wieder eine ausgedrückte Zigarette, auf einem After, auf einem Genital, auf einer Brustwarze, an einem Oberarm, an einem Oberschenkel. Das ist natürlich vorgekommen. Aber das war auch nur bei kleinen Gruppen, wo man wußte, der Masocharakter dieses Jungen ist so groß, daß ders [sic] gern hat usw., usw." Und als Fichte darauf insistiert zu erfahren, ob nicht doch „echte Vergewaltigungen" stattgefunden hätten, antwortet Eppendorfer deutlich: „Nein. Das wäre nicht möglich gewesen, weil wir diese Art von Spielregeleinhaltung eigentlich durchgesetzt haben durch unseren Ordnungsdienst, der immer durch die Räume patrouillierte, ohne natürlich von den Leuten erkannt zu werden" (s. 103 f.).

Vom ersten Hamburger Ledertreffen und dessen sadomasochistischen Szenen wechselt der Interviewer Fichte schließlich zum Thema Leder mit der Frage „Warum fasziniert dich Leder?" und gibt damit dem Ledermann (endlich) die Möglichkeit, auf sein (angebliches) Charakteristikum einzugehen (wobei Eppendorfer im Jahr 1973 die Lederszene „nicht länger als zwei, drei Jahre" kennt): „Leder ist wie eine atmende Haut. Leder ist einerseits eine Art von Schutz und zweitens eine Art von Überhaut. Es hat etwas von Tier an sich. Es ist, glaube ich etwas Animalisches, was uns mit Leder verbindet. Einfach Schweiß unter Leder, und bei jeder Bewegung sich das Leder spannt, sich über den Brustkorb wölbt, mit dem Oberschenkel beutelt, in den Stiefeln. Das ist eine Art von Schärfe, ein scharfer Geruch von Schweiß und Leder und Körper. Manche Leute schätzen Parfum. Ich glaube dieser Geruch aus Schweiß und Leder und Körper ist eine Art Parfum. Das ist eine Art von Droge. [...] Für mich hat Leder eine Art von Fell. [...] Nicht das Leder ist das Wichtigste, sondern was sich mit diesem Leder identifiziert. Was als Komplex existent sein sollte. Leder gibt auch einer Tunte die Chance, ein Mann zu sein. Und erst der nähere Umgang mit diesen Ledermaskierten kann uns erst auf die Sprünge bringen, daß es eben eine Tunte ist und nicht, was es darstellt: eine Clique, eine Zusammengehörigkeit, keine Edelkaste, eine Art von schwarzer Liga. Was man in dieser gemein hat... Ich finde, daß der echte Charakter von vielen aus dieser Gruppe einfach so ist, daß sie gespalten sind, daß sie fähig sind zum Sadismus, daß sie fähig sind zum Masochismus, daß es sich nicht immer die Waage hält, das ist richtig und daß es auf die agierenden Partner ankommt, was daraus wird. Und daß man sich einfach, das ist auch die Chance, daß man sich frei hält für etwas Neues, für etwas Andres, daß man sowohl der Vergewaltigende sein kann wie auch der Vergewaltigte" (S. 105–107).

Fichte wechselt in dem Interview rasch vom Leder zu Blut, Urin, Kot und Kastration in der Lederszene (S. 107–111): Eppendorfer bestätigt, an Urinszenen teilgenommen zu haben. „Sie sind für mich persönlich nicht wichtig, weil ich für mich den Gebrauch oder auch den Mißbrauch von Exkrementen ablehne. Aber ich glaube, daß Urin die Vorstufe von Blut sein kann. Daß für mich Urin keine Faszination ausübt, sondern Widerwillen auslöst, daß ich nichts dabei empfinde, wenn jemand Urin trinkt oder man jemanden vollpißt und er ... aber ich weiß, daß Blut, frisches dampfendes Blut eine ungeheure Faszination hat, von Leben, von Leib, von Erde, von Ewigkeit". Eppendorfer bestätigt Fichtes Vermutung, wonach er Urin als „eine Vorstufe des Blutes" sehe, mit dem Satz: „Ja, eine Form von zerfließendem Körper".

Nachdem man im weiteren Interview auf Kotriten (Scat), Tätowierungen und Faustfick in der Lederszene zu sprechen gekommen war (S. 107-109), interessierte Fichte, ob Eppendorfer auch Kastrationsszenen beobachtet habe, wie sie Larry Townsend in The Leatherman's Handbook beschrieben hatte. Daraufhin berichtet Eppendorfer von einem Vorfall in Kiel, der zwar nichts mit der Lederszene zu tun hat, aber durch die Erwähnung im Buch *Der Ledermann spricht mit Hubert Fichte* mit dieser in Verbindung gebracht wird (S. 109 f., auch S. 209): „Ja, und zwar zwei Medizinstudenten in Kiel, ich habe die Sache miterlebt, haben einem alten Penner, der seinen Rausch auf einer Bank ausschlief, dem haben sie die Hoden rausgeschält und neben ihn auf die Bank gelegt. Der ist nicht aufgewacht. [...] Ich habe es gesehen. Ich wußte nicht, was da vor sich ging. Ich war nur entsetzt. Aber andererseits war ich ungeheuer fasziniert von diesem Vorgang. [...] Das ist eine Art von Opferung. [...] Ich glaube durchaus, daß es Leute gibt, die sich zu dieser Opferung bereitfinden würden, genau wie es Leute gibt, die sich als Sklaven andienen und von dir geschlagen werden wollen. [...] Die Opferung ist ein sakraler Akt. [...] Es ist eine Steigerung, es ist ein Sichtbarmachen von Kraft, von verströmender Kraft, [...] es ist eine Art von sakralem Akt. (...) Ich meine, die Opferung darf nur auf einer freiwilligen Basis geschehen. [...) Ich halte es [...] durchaus für möglich, daß jemand [...] bewußt diese Konsequenz der Selbstaufgabe in Kauf nimmt und die Freude dabei an der Selbstauslöschung empfindet" (S. 109-111).

Das dritte Interview Fichtes mit Eppendorfer fand im März 1976 statt. Es beschäftigt sich zunächst unter anderem mit der Schwulen- und Lederszene in New York, die Eppendorfer kritisch sieht: Für den New Yorker sei „ein Turn On im Augenblick das Optimale. [...] Er versucht dem anderen ein Rollenverhalten aufzuzwängen. Und es geschieht da eigentlich eine Art von programmiertem Verhalten. Man ist festgelegt. Man hat seine spezifischen Lustbarkeiten, die man erdulden oder die man praktizieren will und sobald das vorüber ist, ist es ... Kennt man sich nicht mehr. Und diese Art von Verhaltensschema haben die New Yorker bis zur Perfektion entwickelt. Der New Yorker ist nicht interessiert an einer Partnerbeziehung. Er ist nicht interessiert an dem Menschen. Er ist nur interessiert an dem Objekt. Ich finde – das ist meine eigene Meinung – ich finde, der New Yorker ist auf einem Egotrip. [...] Man präsentiert sich als Klischee. Eine Art von artikuliertem Männlichkeitswahn, der genau gezielt dekoriert ist mit Metallketten, mit entblößter Brust, mit aufgerissenen Jeans, mit durchgescheuerten Jeans, die extra künstlich angelegt sind, mit aufgerissenen Gesäßnähten .[...] Es sind Teile einer riesigen Maskerade. Man zelebriert etwas wie auf einem Laufsteg. Ich denke speziell an das *Eagle Nest*, diese älteste Lederbar der Welt. [...] Man promeniert aneinander vorbei. Man registriert aus den Augenwinkeln die Reaktion. Man hat seinen Turn On, wenn man das Gefühl hat, einige dieser Typen stehen auf mich. Das ist genug. Das ist eine Art Selbstbefriedigung. [...] Man ist sich genug damit, sich präsentiert zu haben, sein Erfolgserlebnis gehabt zu haben, und das ist den Leuten genug. [...] Ich fühlte mich wahnsinnig deplaciert durch diese Art von Männlichkeitsrevue. Ich fand sie einfach lächerlich. [...] Ich glaube, daß es vielen Leuten genug ist, einen gutgewachsenen, einen guttrainierten Körper halbnackt oder auch ganz entblößt, nur mit Lederchaps an, zur Schau zu stellen, Bewunderung zu sammeln, wie andre Leute Briefmarken. Das ist genug. Posieren" (S. 153–155).

Nachdem sich das Interview vom März 1976 noch ausführlich mit einer Reise Eppendorfers nach Ägypten befasst hatte, wird es erst nach dem Besuch des Films *Salò o le 120 giornate de Sodoma* (*Die 120 Tage von Sodom*) von Pier Paolo Pasolini (1922–1975) am 10. Juli 1976 in einem Pariser Kino wieder aufgenommen (S. 168), womit im Folgenden die Themen Pasolini, Sadomasochismus und Faszination von Blut im Vordergrund stehen. Auf Fichtes Frage nach der „Reaktion der Ledermänner, die zum Teil selbst Filme drehen, in denen Ähnliches gezeigt wird", antwortete Eppendorfer: „Es trat genau das ein, was eintreten sollte: Es erregte überhaupt nicht das Gefühl der

Übelkeit. Es erregte nur das Gefühl der Stimulanz. Es erregte den Wunsch der Anteilnahme./ Fichte: Also: Nachmachen!/Eppendorfer: Ja." (S. 176).

Erst gegen Ende des Interviews gerät das Thema Leder/Lederszene wieder in den Fokus (S. 201–208), nachdem Fichte gefragt hatte, wie „sich die Lederszene in Hamburg nach dem ersten Ledertreffen 1970 [sic] verändert" habe (S. 201). Eppendorfer antwortete: „Es hat inzwischen zwei weitere Ledertreffen gegeben. Man hat sich in einer Altherrenriege zusammengefunden. Man hat jetzt einen Club gegründet mit Vereinssatzungen und Vorstandsmitgliedern, mit Aufnahmegremium und mit Sitzungen in einem Fischrestaurant. [...] Und alles ist etepetete, alles ist sehr kontrolliert, es ist sehr geplant. Alles ist sehr orientiert. Es ist eigentlich eine gut organisierte Mannbarkeitsanstalt. [...] Die internationale Lederszene ist straff organisiert. Man hat Clubs. Man hat in London die Internationalen Meetings, wo die internationalen Treffen der verschiedenen Clubs organisiert werden [...]. Die meisten haben kein Motorrad, obwohl es sich immer Motorsportclub nennt. Man fährt in Ledermontur und Kettchen und Mütze im Taxi zum nächsten Lederlokal, um seine Anwesenheit zu bekunden. Es ist alles sehr seriös geworden. Von internationaler schwarzer grausamer Liga kann gar keine Rede sein. Man trifft sich auf irgendwelchen Lederfeten wieder, redet miteinander, macht seine Pflichtübungen. [...] Gewalttätigkeit kommt eigentlich eher noch von kleinen Außenseitergruppen, die sich dann ‚Loge' nennen, nach Jahreszahlen beziffert" (S. 201 f.).

Fichte geht es im Folgenden (wie schon oft zuvor) vor allem um Gewaltexzesse, um Grenzüberschreitungen vom sadomasochistischen Spiel zum Verbrechen in der schwulen Lederszene. Eppendorfer antwortet zunächst abwägend, kommt aber schließlich zu einem ausgesprochen vernichtenden Urteil:

„Fichte: Man kann also nicht sagen, daß die Ledermode, die Lederfetischisten die Leute dazu brächten, Menschen zu Tode zu foltern./ Eppendorfer: Das zu folgern wäre falsch./ Fichte: Trotzdem. Ich denke an den Raum mit dem Gasherd und der Rinne beim ersten Ledertreffen – das hat etwas KZ-Artiges. Hast du da keine Identifikationsschwierigkeiten? Daß du dich mit einem Mal mit Gesten wiederfindest, die an KZ erinnern?/ Eppendorfer: Diese Geschichten, daß man sich am Schmerz und an der Pein des anderen weidet, daß man ein Lustgefühl, bei den Schmerzschreien des Opfers empfindet, das ist sicherlich mit den damaligen KZs identisch, daß man die Leute gefoltert hat, daß man vom Körper in fünf Zentimeter breiten Streifen mit Rasierklingen die Haut vom Körper schälte. [...] Bei schweren Szenen wird so etwas auch gemacht. Ich weiß, daß es in Amerika passiert. Ich weiß nicht, ob es hier auch passiert. Es sind schon erhebliche Sachen vorgekommen" (203 f.).

Angesprochen auf Eppendorfers Hitlerbild, kommt Erstaunliches zu Tage. Der Ledermann antwortet: „ Er war auf keinen Fall der irrsinnige Verbrecher und der schlimme Mensch, als der er immer herausgestellt wird. Ich glaube, er war ein Mensch, der seine Ziele zu hoch gesteckt hat und diese Ziele verloren hat. [...] Hitler hat den Fehler gemacht, daß er sich zu abhängig machte von seinen Ratgebern [...]. Wenn er ganz systematisch und mit Bedacht eines nach dem anderen eingesackt hätte, dann hätte er den Krieg gewonnen" (S. 204 f.). Fichtes Frage, ob sich Eppendorfer vorstellen könne, in einem KZ beschäftigt gewesen zu sein, führt zu der Antwort: „O. k., es hat eine gewisse Faszination auf mich. Heute darauf angesprochen, ob ich zu den damaligen Bedingungen willens gewesen wäre, in den KZs arbeiten zu wollen, würde ich sagen: Nein". Das Faszinosum aber ist für Eppendorfer vorhanden – weil der Dienst in einem KZ „ungeheure Machtbefugnisse" bedeutete - man könne Menschen vernichten, sie „zu Objekten degradieren", sie „enthäuten, um daraus Lampenschirme zu machen"; man könne „sie einfach eliminieren . [...] Und ich bin nicht phantasielos genug, um mir nicht vorstellen zu können, daß es eine ungeheure Verlockung sein könnte, viele Menschen hilflos von sich abhängig zu sehen, mit denen man machen könnte, was man wollte, was man will" usw. (S. 205).

Im Anschluss an diese Ausführungen geht es in dem Interview verstärkt um Masochisten und Sadisten und die Austauschbarkeit von deren Rollen, wobei Eppendorfer die Ansicht vertritt, dass Sadisten eher zu Masochisten als Masochisten zu Sadisten werden. Eppendorfer bestreitet auf Nachfrage, je als Masochist agiert zu haben (S. 206 f.)

Für die Hamburger Lederszene war der folgende Teil des Interviews besonders schwer zu ertragen. Fichte fragte danach, welche Gesellschaft die Lederleute erträumten und welche Utopie sie verkörperten. Eppendorfer antwortet: „Die Gesellschaft eines übersteigerten Männlichkeitswahns. Sie möchten die Maskulinität *par excellence* sein. Sie möchten auf der anderen Seite anerkannt sein. Gesellschaftlich nicht einer Ächtung unterliegen, sondern sie möchten eigentlich bewundert werden. Als Prototyp. Im Grunde genommen ein Herrenrassenersatz./ Fichte: Sie würden sich wohlfühlen in einem nationalsozialistischen Staat?/ Eppendorfer: Wenn man ihnen eine Uniform, ein Parteibuch und ein Abzeichen geben würde, sehr!/ Fichte: Also du siehst einige der Herren, die in der ‚*Loreley*' verkehren, als potentielle KZ-Wächter?/ Eppendorfer: O ja!/ Fichte: Zufällig oder ist das bedingt?/ Eppendorfer: Weil unter der Lederhaut der Wunsch und ein übersteigertes Geltungsbedürfnis sind. Sie möchten anerkannt werden. Sie möchten eine bestimmte Machtfunktion ausüben und sei es nur erster Sekretär des Motorsportclubs.[... Die Lederszene] ist in ihrer Erscheinungsform und in ihrer tendenziösen Entwicklung ganz einfach faschistisch" (S. 207 f.).

Der obige Text fasst zusammen, was in dem Buch *Der Ledermann spricht mit Hubert Fichte* über die Lederszene zu finden ist. Erstmals taucht sie auf S. 98 auf und spielt bis S. 115 eine Rolle, danach erst wieder S. 176 und auf den Seiten 199 bis 209. Anders gesagt, von 209 Textseiten geht es lediglich auf knapp dreißig Seiten (das sind reichlich 14 %) weitgehend und durchaus nicht ausschließlich um Leder und die Lederszenen in Hamburg und darüber hinaus. Thema des Buches ist also weniger die Lederszene als die Biographie des Hans-Peter Reichelt (1942–1999), der 1960 eine alte Frau ermordet hatte, zu zehn Jahren Jugendstrafe verurteilt und nach deren Verbüßung 1970 aus der Strafhaft entlassen worden war, danach in Verlagen arbeitete bzw. jobbte, reiste und Schriftsteller wurde. Die Zugehörigkeit zur Lederszene betrug zur Zeit des einschlägigen Interviews rund drei Jahre.

Der Schriftsteller Hubert Fichte (1935-1986) hatte Reichelt 1970 in der Hamburger Schwulenbar *Flamingo* auf St. Pauli persönlich kennen gelernt (Presley, S. 67).

Bezogen auf den realen Inhalt des Buches, hätte der Titel lauten müssen oder können: Mord – Strafe – Neubeginn oder Der S/M-Fetischist/ Blutfetischist spricht mit Hubert Fichte oder Blutkult – drei Gespräche zwischen Hans-Peter Reichelt und Hubert Fichte.

Aufregung in der Lederszene konnte das Buch von Eppendorfer nur deswegen hervorrufen, weil es als Tatsachenbericht gelesen wurde – im Stile der seinerzeitigen Reportage- und Dokumentarliteratur, deren Prototyp die 1968 erschienenen *Bottroper Protokolle* von Erika Runge (* 1939) darstellen. Schaut man den Text allerdings genauer an, fällt auf, wie unpräzise viele Aussagen sind, wie häufig etwas behauptet wird, falsch, erfunden oder bestenfalls schlecht erinnert ist

1. Dies gilt schon für den ersten Satz des Kapitels September 1973: „Hans, du hast im August ein Ledertreffen organisiert" (S. 98). Von wem die Idee des Hamburger Ledertreffens stammt und wer dasjenige des Jahres 1973 organisiert hat, ist bekannt. Es handelt sich um den Fotografen Gerhard Pohl und den Grafiker Günter Henzler. Der Name Reichelt, der den Namen Eppendorfer erstspäter annahm, war den Organisatoren des Treffens nicht geläufig, taucht in der schriftlichen Überlieferung nirgends auf, was nicht zwangsläufig bedeutet, dass Reichelt nicht zur Lederszene gehörte; nur war er nicht an der Organisation des Treffens beteiligt.

Entsprechendes gilt für die Behauptung, Eppendorfer habe bei dem Treffen an der Kasse gesessen (S. 99).

Festzuhalten ist aber auch, dass Fichte als Interviewer mit seinen Suggestivfragen die bejahenden Antworten seines Gesprächspartners provoziert hat.

2. Die führenden Personen der seinerzeitigen Hamburger Lederszene werden nicht mit Namen genannt, was umso erstaunlicher ist, als Gerhard Pohl, aber auch Günter Henzler zumindest in Hamburg bekannt waren.

3. Einer der Lieblingsbegriffe Eppendorfers ist das Wort Clique (z. B. S. 98 f., 106, 139) zur Bezeichnung der Männer des Hamburger Lederclubs. Clique aber hat als Bezeichnung einer Menschengruppe eine negative Konnotation, es sei denn, man meint damit seinen engsten Freundeskreis, mit dem man zu einem Fußballspiel geht, Skat spielt oder Vatertagsausflüge mach.

4. Die Größe der Lederszene in Hamburg beziffert Eppendorfer auf 50 bis 100 Männer „und natürlich eine Menge Sympathisanten" (S. 98). Derartige Angaben mit weit auseinanderliegenden Zahlen bedeuten nichts anderes, als dass Eppendorfer nicht Bescheid weiß und sein Nichtwissen mit irrealen Auskünften kaschierte.

5. Man mag sich ja beim Sex „wie im Himmel" fühlen, aber die religiöse Überhöhung der Orgie, der Vergleich mit der Arche Noah (S. 101 f.) spiegeln allein das subjektive Empfinden Eppendorfers wider. Seine Schilderung der sexuellen Praktiken (S. 102–104) ist nicht uninteressant, doch braucht man sie nicht miterlebt zu haben. Um das zu schreiben, reicht ein Blick in die zeitgenössische Pornoliteratur.

6. Die Passage, wonach Lederleute „jemanden an den Baum gebunden haben und dann mit einer Auspeitschung anfingen" (S. 103), erinnert an einen Vorfall im Jahr 1977, der auf das Jahr 1973 transloziert wurde. Ein Mann am Baum in der Fucktory, wo das erste Ledertreffen stattfand!?

7. Bedenkt man, dass zwei Schriftsteller, also Personen, die mit Sprache umzugehen gewohnt sind, das Buch verfasst haben, setzt einen die folgende Passage in Erstaunen: „Nicht das Leder ist das Wichtigste, sondern was sich mit diesem Leder identifiziert. Was als Komplex existent sein sollte. Leder gibt auch einer Tunte die Chance, ein Mann zu sein. Und erst der nähere Umgang mit diesen Ledermaskierten kann uns erst auf die Sprünge bringen, daß es eben eine Tunte ist und nicht, was es darstellt: eine Clique, eine Zusammengehörigkeit, keine Edelkaste, eine Art schwarzer Liga. Was man in dieser Clique gemein hat ..." (S. 106). Das ist Galimathias, dummes Zeug, Geschwurbel, dessen Sinn sich auch nach langem Nachdenken nicht erschließt. Was meint das Wort „Komplex"? Welche Bedeutung hat der Doppelpunkt, welche das „es"? Soll sich „keine" nur auf die „Edelkaste" beziehen oder auch auf „eine Art von schwarzer Liga", oder meint Eppendorfer, dass die Lederszene eine schwarze Liga sei und damit an *Das Schwarze Korps* (SS-Zeitung) oder Geyers *Schwarzen Haufen* (Bauernkrieg) denken lässt? Möglicher- und sinnvollerweise sollte es „eine" statt „keine" heißen, womit ein Druckfehler vorläge.

Der Begriff schwarze Liga spielte in der Kontroverse um das Buch und als Waffe gegen die Lederszene eine Rolle, indem sie mit der SS und deren schwarzen Uniformen in Verbindung gebracht wurde.

8. Typisch ist folgende Passage: „Fichte: Glaubst du, daß die Kotriten genau so häufig sind wie die Urinriten in der Lederszene?/Eppendorfer: Die Urinriten werden vorrangig sein" (S. 108). Derartige Sätze drücken Vermuten, Dafürhalten aus, aber nicht das Bescheidwissen eines Kenners der Situation.

9. Zweimal wird die Kastration eines Obdachlosen durch zwei Kieler Studenten erzählt (S. 109, 209). Das erste Mal – 1973 – berichtet Reichelt davon nach einer entsprechenden Frage Fichtes mit Bezug auf Larry Townsends *Lederhandbuch* und gibt zu, „die Sache miterlebt" zu haben. Drei Jahre später antwortet er auf Fichtes konkrete Frage, ob er diese Kastration gesehen habe, ausweichend: „Ich habe es mitbekommen".

Mit der Hamburger Lederszene hat dieser Vorgang nichts zu tun. Das Herausschneiden von Hoden ist medizinisch keine „große Sache" und kann von ausgebildeten Menschen rasch bewerkstelligt werden. Auch ist übermütigen und angetrunkenen Studenten manches zuzutrauen, doch eine Kastration auf einer Parkbank Anfang der 1970er-Jahre, das halte ich für ein Märchen und eine Wandersage.

10. Wie Eppendorfer Orgien als gleichsam religiöse Handlungen (S. 101 f.) interpretiert, so sieht er auch in der Opferung von Hoden einen „sakrale[n] Akt. Und wie die Azteken […] Opfer fanden, die ihr Herz opferten, ihren Edelstein – so gibt es doch für einen Mann durchaus das Opfer, seine Hoden zur Verfügung zu stellen" – freilich dürfe dies „nur auf einer freiwilligen Basis geschehen". Eppendorfer hält es „durchaus für möglich, daß jemand […] bewußt [die] Konsequenzen der Selbstaufgabe in Kauf nimmt und die Freude dabei an der Selbstauslöschung empfindet" (S. 109–111).

Mit der Hamburger Lederszene hat derlei de facto nichts zu tun.

11. Viele Aussagen Eppendorfers sind widersprüchlich: so antwortet er auf die Frage, ob er Rauschgift nehme, mit „Nein. Ich habe einige Experimente mit Rauschgift gemacht" (S. 125). Und auf die Frage nach einer Infektion mit Tripper oder Syphilis erhält Fichte die Antwort" „Nie. Ich achte sehr darauf, weil ich einen guten Hautarzt habe, der das alle vier Wochen abcheckt. Aber Tripper habe ich schon viermal gehabt oder schon fünfmal. Ich weiß es nicht genau" (S. 137).

Dass dies Fichte nicht gemerkt oder dass er es übersehen haben sollte, ist schwer zu glauben. Hat er seinen Interviewpartner mit derlei bloßstellen und diskreditieren wollen? Der gleiche Verdacht besteht bei dem äußerst niedrigen sprachlichen Niveau, das Eppendorfers Äußerungen kennzeichnet.

12. Wohl ein Druckfehler, aber dennoch symptomatisch für die angebliche Authentizität der „Erlebnisse" Eppendorfers in der Lederszene, ist die falsche Datierung des ersten Hamburger Ledertreffens auf das Jahr 1970 (S. 201).

13. Die Bezeichnung „Altherrenriege" für die sieben Gründer des *MSC Hamburg* (S. 201) ist abwertend und belegt, dass Eppendorfer nicht zu diesem Club gehörte oder zumindest darin keine Rolle spielte.

14. Es sind Fichtes Fragen, die Eppendorfer zu unsäglichen Äußerungen über Hitler und die Konzentrationslager veranlassen (S. 203–205). Sollte er das, was er sagte, ernst gemeint haben, so muss Eppendorfer mit Fug und Recht als rechtsradikal bezeichnet werden.

15. Die Angehörigen des *MSC Hamburg* und der Lederszene pauschal „als potentielle KZ-Wächter" und als faschistisch zu bezeichnen (S. 207 f.), wird von Eppendorfer argumentativ nicht belegt und ist nicht mehr als eine durch Fichtes Suggestivfragen bedingte Behauptung. Der Satz, wonach die Lederszene „bürgerlich geworden" und „in ihrer Erscheinungsform und in ihrer tendenziösen Entwicklung ganz einfach rein faschistisch" sei (S. 208), ist nicht mehr als eine unwissenschaftliche Gleichsetzung von „bürgerlich" und „faschistisch" mit falscher Wortwahl im Hinblick auf „tendenziös" statt „tendenziell".

Eppendorfer übersieht, dass für den Teil der Lederszene, der sadomasochistische Praktiken bevorzugt, diese als freiwillige sexuelle Spiele empfunden werden und nicht mit den befohlenen Gewaltexzessen totalitärer Staaten gleichgesetzt werden können Dies macht schon das Nachwort des Hamburger Juristen Herbert Jäger deutlich, wenn er schreibt (S. 221): „Von sexualisierten Formen der Aggressivität unterscheidet sich die spezielle Grausamkeit totalitärer Verbrechen gerade dadurch, daß ihr die libidinöse Komponente fehlt". Notwendig sei die „Entmischung libidinöser und aggressiv-destruierender Triebvorgänge bei jenen Gewalttätern, die […] kollektiv gestützte Grausamkeiten vollbringen". Grausamkeit „als Ausdruck einer sexuellen Perversion" stelle „im Vergleich mit [den] Kollektivverbrechen [totalitärer Staaten] nur in moralistischer Sicht eine soziale Gefahr" dar. Der Begriff „moralistisch" aber hat mit Moral nichts zu tun.

Die Behauptung, dass die Lederleute ein „übersteigertes Geltungsbedürfnis" besäßen und „anerkannt werden" möchten (S. 207), deute ich als Selbsteinschätzung des angeblichen Ledermannes Hans Eppendorfer, der als Hans-Peter Reichelt gescheitert war und in der Realität statt von Leder vor allem von Blut und Sadismus fasziniert war.

Die Rezension des Buches *Der Ledermann spricht mit Hubert Fichte* im Magazin *Der Spiegel* mit der Überschrift *Kuscheln am Stiefel* (Nr. 24/1977, S. 189, 191) fasst zusammen: „Holder Zartsinn ist nicht Ledermanns Sache. Diese ‚schwarze Liga', diese ‚Reichswehr der Schwulen' habe eines gemeinsam: Sie sei ‚fähig zum Masochismus', zu allem: ‚es hat in der Lederszene schon mehrere Tote gegeben'". Dieser Absatz ist richtig und falsch zugleich: Eppendorfer spricht von „einer Art schwarzer Liga"; von einer „[schwarzen] Reichswehr der Schwulen" ist nicht die Rede. Die „schwarze Liga" im Text ist ein Synonym zu „Clique", „Zusammengehörigkeit" und wohl auch zu „Edelkaste". Von Toten in der Hamburger Lederszene steht nichts in dem rezensierten Buch, wohl aber von Toten in der Amsterdamer Szene, verursacht durch Drogenkonsum (S. 200), und von kriminellen Machenschaften von Personen in Leder außerhalb dieser Szene in den USA (S. 202 f.).

Die Verfasser des *Spiegel*-Artikels ersetzen den Clubnamen *MSC* durch SMC (SadoMasoClub), wobei sie nicht zu wissen scheinen, warum man die kaschierende Bezeichnung MSC verwendet hat. Darüber hinaus ist die Interpretation als SMC insofern nicht richtig, als Eppendorfer nicht behauptet, dass die S/M- und die Lederszene identisch seien. Für Eppendorfer allerdings ist das S/M-Segment besonders faszinierend und wichtig.

In seinem oben erwähnten Nachwort (S. 217–224) deutet Herbert Jäger die Ausführungen Eppendorfers als Psychogramm des durch Gewaltexzesse, Mord und Strafverbüßung geprägten Hans-Peter Reichelt. Der Jurist Jäger hält die Schilderungen im Buch für weitgehend authentisch, wenn er auch nicht alles, was Eppendorfer ausführt, als bare Münze nimmt. Jäger schreibt: „Hilfreiche Solidarität scheint der [nach zehnjähriger Strafverbüßung] Entlassene ausgerechnet in jener vor der Öffentlichkeit abgeschirmter Randgruppe erfahren zu haben, deren Sexualverhalten durch fetischistische und sadomasochistische Neigungen bestimmt ist, eine aus konventioneller Sicht vielleicht überraschende Tatsache, die den früher einmal von Hans Giese geprägten Begriff der ‚Moral der Regelwidrigkeit' exemplarisch illustriert. [...] Eppendorfers Schilderung ist wohl die erste Darstellung der Verhaltens-, Lebens- und Organisationsformen einer solchen Gruppe im deutschen Sprachraum, ist bemerkenswert durch die oft poetischen Deutungen und Mystifikationen, mit denen er das dort Erlebte auszudrücken versucht und die wichtige Hinweise geben auf Angst und Angstbewältigung als das psychologische Ferment, das die Angehörigen dieser Subkultur, wenn auch von ihnen selbst wohl verleugnet, letztlich verbindet. Eppendorfer spricht aufschlußreich von einer ‚Clique, die sich aneinanderklammert wie auf einem riesigen Floß in einem Meer von Angst', einer ‚geschlossenen Gesellschaft' und ‚Art von Arche Noah aus dem Alltag heraus', die die ‚Chance zu einem Aufbruch auf Zeit' bietet und es möglich macht, in gleichsam abgeschirmtem Raum ‚Wünsche des Unterbewußtseins, verdrängte Wünsche und Hoffnungen, Assoziationen' frei zu realisieren und zu ‚artikuliere': man fühle sich ‚geschützt', ‚wie in einem Ei, ‚umgeben von einer Schale aus Sicherheit'. Auch wenn schwer zu beurteilen ist, wieweit sich solche subjektiven Erfahrungen verallgemeinern lassen, scheinen sie mir zum Verständnis derartiger Verhaltensvarianten mehr beizutragen als der vorschnelle Rückgriff auf gängige, nicht selten moralistisch vorbelastete Begriffe der Psychopathologie". (S. 219 f.).

Was Eppendorfers politische Äußerungen anbelangt, ist Jäger kritisch: „Spekulativ bleibt vorerst der politische Zusammenhang, den Eppendorfer zwischen jener „Art von schwarzer Liga" und totalitären Systemen herstellen zu können meint. Daß zumindest ein Teil der Angehörigen dieser Randgruppe, in der er faschistische Tendenzen erkennen zu können glaubt, sich in einem nationalsozialistischen Staat, und gar als KZ-Wärter, ‚wohlfühlen' würde, bejaht er spontan. Die Richtigkeit einer solchen Behauptung ist so ohne weiteres weder zu beweisen noch zu widerlegen" (S. 221).

Im Jahr 2018 veröffentlichte François Maher Presley ein Buch über Hans Eppendorfer, nachdem beide Männer neun Jahre lang regelmäßig Kontakt miteinander und mehrere Monate gemeinsam für eine Zeitschrift gearbeitet hatten, ohne dass es (wie dies üblicherweise bei Eppendorfer der Fall war) zu einem Bruch und Prozessen gekommen war. Presleys Buch trägt den Titel *Hans Eppendorfer – Der Ledermann – Versuch einer Biografie*. Der Versuch ist geglückt; Presleys gründliche Recherchen und seine persönlichen Erinnerungen zeichnen ein differenziertes Bild von Hans-Peter Reichelt/Hans Eppendorfer/und dem „Ledermann“. Die Kunstfiguren „Ledermann“ und „Hans Eppendorfer“ werden in Presleys Studie dekonstruiert; sie verstellten die sich wenig verändernde Hauptperson dahinter – Hans-Peter Reichelt.

Hier werden die Ergebnisse von Presleys Analyse nur insoweit referiert, als sie das Buch *Hans Eppendorfer spricht mit Hubert Fichte* betreffen. Für Presley ist dieses Buch eine erfundene Biographie, ein nicht einfach zu analysierendes und schwer durchschaubares Konglomerat von Wahrheit, Mystifizierung, Mythenbildung, Legendenbildung, irrtümlich oder bewusst falschen Behauptungen, veränderten Aussagen über ein- und denselben Sachverhalt im Laufe der drei mitgeteilten Interviews (z. B. S. 18, 20–25, 27, 43, 30 f., 52 f., 61, 84). Festzustellen ist auch, dass sowohl Fichte als auch Eppendorfer häufig im Ungefähren, im Nicht-Überprüfbaren bleiben. Presley kritisiert zu recht Eppendorfers Selbsteinschätzung, wonach seine Literatur „präzise, erfahren, unbequem“ sei, und setzt dagegen:

François Maher Presley *Der Ledermann Versuch einer Biographie*,
in-cultura.com Verlag, Deutschland, 2018

„Speziell der Begriff ‚präzise‘ widerspricht den Ungenauigkeiten, die Hans-Peter Reichelt bei seiner Mythenbildung oder seinen Texten über sein Leben zum Programm erhob. [...]. Eppendorfers Angaben waren nicht nur sehr allgemein gehalten, Informationen, die jeder andere auch hätte beobachten oder erhalten können, sondern auch oft von seiner eigenen Interpretation dessen, was da geschah, geprägt, von seinen Bedürfnissen und Erlebnissen, auch von der dort erfahrenen Ablehnung [...]“ (S. 84 f.). Presleys Fazit: Eppendorfer war vieles, nur kein Ledermann (S. 88).

Dass ein (Interview-)Roman fiktional ist, daran ist nicht das Geringste auszusetzen, solange er nicht den Anspruch erhebt, dokumentarisch, authentisch im Sinne von real erlebt zu sein. Gerade das aber tun die Interviews – sie erwecken den Eindruck des so und nicht anders Gelebten. Verantwortlich für den Verlauf, die Richtung/Tendenz des Gesprächs ist der Interviewer, im konkreten Fall Huber Fichte. Dieser sah in Hans-Peter Reichelt ein Objekt einer Art ethnologischer Untersuchung. Auffällig ist in allen Interviews die Fragetechnik Fichtes. Er benutzt vor allem Suggestivfragen und lenkt damit Eppendorfer in eine bestimmte Richtung, die zu Antworten führen kann, die Fichte wollte, Eppendorfer aber möglicherweise gar nicht beabsichtigt hatte. Überdies ist es gar nicht Fichtes Absicht, in die Tiefe zu gehen; seine Fragen sind oft oberflächlich und belanglos. Ich schließe mich Presleys Kritik an Interviewführung und Interviewer an (siehe z. B. S. 25, 51, 61, 64, 77, 83, 87). Presleys

Fazit (S. 13): Fichte habe Reichelt/Eppendorfer „wenig selbstlos für seine ‚Untersuchungen'" vereinnahmt, „in ihn eigene Vorstellungswelten" eingepflanzt, „stellvertretend Bedürfnisse" in Reichelt erweckt. Im Gegenzug habe Reichelt „sich vereinnahmen" lassen „im Tausch gegen eine zweifelhafte und sehr vergängliche Berühmtheit". Eppendorfer hat später empfunden, von Fichte getäuscht, betrogen und für eigene Zwecke missbraucht worden zu sei, und so heißt es in einem Brief an ihn: „Der Freund [Eppendorfer] wird zum ‚Mörder aus der schwulen Lederbar', eine Kunstfigur Deiner Feder: ‚hinter dem mörderischen (und sehr zaghaft zerbrechlichen) Lederfetischisten…das Leben des Hans Eppendorfer… ist eine Figur des Autors. Seinen Mörder…lässt er Begriffe wie Tempel und Ei wählen'. So Dein Freund Raddatz in seiner Kritik, der schließlich selber am Lederfestival teilgenommen hat und somit genau wusste, dass ich nie und nimmer zur Gattung der Lederfetischisten gehöre, ebenso wenig wie Du und er" (S. 68).

Auf der anderen Seite bestehen berechtigte Zweifel, ob tatsächlich alle Interviews von Fichte geführt worden seien. Allem Anschein nach sind „einige Texte des Interviewzyklus'" von Eppendorfer allein verfasst worden und nicht im Gespräch mit Hubert Fichte" entstanden. Dies lasse Presley zufolge noch mehr Zweifel an der „Authentizität der Texte" aufkommen (S. 75, siehe auch S. 83, 87).

Presley sieht Reichelt/Eppendorfer als Voyeur (z. B. S. 55 f., 80, 118). Und infolgedessen ist auch die Schlussfolgerung nachvollziehbar: „Mit der eigentlichen Lederszene hatte Eppendorfer sehr viel weniger zu tun, als es in den Interviews dargestellt wird, zudem sicher nicht mit deren Entstehung und Entwicklung in Deutschland und Europa, sehr viel weniger offenbar auch als Hubert Fichte selbst, dessen sexuelle Vorlieben in den Fragen auch immer mitschwangen und die ihn und Eppendorfer im eigentlichen Sinne gar verbanden. […] Mit der Lederszene oder dem Organisieren von ‚Leder- oder Sadomaso-Parties' hatte Eppendorfer genau soviel oder so wenig zu tun zu tun, wie jeder andere Homosexuelle, der entweder zufällig in eine Lederbar hineingeriet oder ausprobieren wollte, was die dort praktizierten sexuellen Möglichkeiten in ihm auslösten" (S. 64, 85).

Nachdem sich Eppendorfer „massiven Vorwürfen aus der Lederszene" ausgesetzt sah, wonach „es sich bei den Interviews um eine ‚Mischung aus Sensationslust, Desinformation und populärpsychologischen Deutungsversuchen' handele, „was die ‚Vorurteile Sadomasochisten gegenüber noch verstärkt' hätte", knickt Eppendorfer scheinbar ein „und erklärte nun, dass es sich bei ‚Hans Eppendorfer' und speziell bei dem ‚Ledermann' um Kunstfiguren handeln würde, mehr noch verstand er die Interviews wie eine gegenseitige Stimulation, einen Wettbewerb, eine fiktive Auseinandersetzung, zuletzt zu einer Realität werdend, die er so nicht erlebt habe und die ihm auch nicht entspräche" (S. 84).

Eppendorfer und der Ledermann sind Kunstfiguren, gespielte Rollen (S. 69, 121). „Mit dem Tod des Gesamtkunstwerkes, denn das war Hans Eppendorfer ganz sicherlich, zerfiel auch seine Wahrheit, zerfiel der Kreis, der sein Leben in dieser Form mitgestaltete und in dem jeder Einzelne von ihm in irgendeiner Weise beeindruckt oder beeinflusst wurde[,] und es offenbarte sich zuletzt, dass viele Einzelteile des ‚Kunstwerkes Eppendorfer' von bekannten anderen Künstlern zusammengesuchte und für Reichelt offenbar erfolgsversprechende Merkmale waren, die Hans-Peter Reichelt in sein Leben übernahm, sie dann jedoch nicht authentisch leben konnte" (S. 174, siehe auch S. 178).

Presleys Fazit über das Leben des Hans-Peter Reichelt, genannt Eppendorfer und Ledermann, ist traurig und niederschmetternd: „Hans Eppendorfer, der Vielredner, der Geschichtenerzähler, der Kinderbuchautor, der Fallensteller und Erpresser, der tatsächliche Mörder und der, der mit seiner Sprachgewalt auch nach der Entlassung aus dem Gefängnis weiterhin mordete. Eppendorfer, ein Mann, der immer nur sein Leben erzählte, der über nur seine Erlebnisse schrieb und nicht in der Lage war, etwas losgelöst von sich und seinen Erfahrungen zu werten, ein Schriftsteller, der von sich selbst abschrieb und sich manchmal gar zur Unkenntlichkeit umschrieb. Hans-Peter Reichelt, dessen Kindheit zweifelsohne keine unbedingt glückliche war, der diese aber mit vielen anderen Kindern jener Kriegs- und Nachkriegsgeneration teilte, der sich immer als Suchender sah, als Opfer, als Ausgegrenzter und Sündenbock, als Mörder im Namen seiner Sozialisation, hinterlässt nicht nur den ‚Ledermann' als Kunstfigur, er hinterlässt insbesondere das Kunstobjekt ‚Hans Eppendorfer', eine Erinnerung, mehr noch ein Spiegelbild der bundesdeutschen Gesellschaft damals wie heute …" (S. 175, 177; siehe auch S. 13, 33, 69, 142, 167, 174).

Larry Townsend könnte Eppendorfer und Fichte gemeint haben, wenn er Neulinge in der Lederszene anspricht und auf „ein paar Flaschen verweist, die gelegentlich in die Lederszene" reingerochen haben: „Ich kann euch nur nachdrücklich raten, das meiste, was ihr lest, nicht zu glauben" (S. 34). ■

Leder, S/M und mann-männliche Prostitution

Wie in allen Bereichen der Sexualität und des sexuellen Lebens Wunsch und Erfüllung oft im Widerstreit stehen und nicht jeder Partner oder jede Partnerin für alle Praktiken offen ist oder gar zur Verfügung steht, versucht Prostitution die Lücken zu füllen. Gut ausgerüstete S/M-Studios mit sachverständigen Sexarbeitern oder Sexarbeiterinnen stehen in Groß-, aber auch Mittelstädten und selbst auf dem Lande zur Erfüllung selbst ausgefallenster sexueller Wünsche gegen ein angemessenes Honorar zur Verfügung. Dagegen ist nichts einzuwenden, solange die Prostituierten selbstbestimmt, kenntnisreich und achtsam ihrer Arbeit nachgehen. Und an Kunden fehlt es nicht. Ein Mann fortgeschrittenen Alters sagte mir einmal, er habe sich als Escort im schwulen S/M- und Leder-Segment „ein Haus zusammengefickt". Dieser Mann betrieb ein bedarfsgerecht großzügig eingerichtetes S/M-Studio in Hamburg und trat in Lederoutfit oder in Harness auf. Der erwähnte Escort war typisch für die Inhaber derartiger Studios: es handelt sich zumeist um Männer mindestens mittleren Alters, die finanziell in der Lage sind, S/M-Studios einzurichten und zu unterhalten, und die vor allem auch in S/M-Praktiken erfahren sind und sich ihrer Verantwortung für ihre Kunden bewusst sind. Für ihn waren regelmäßige ärztliche Untersuchungen selbstverständlich, und von Mitarbeitern verlangte er einen negativen AIDS-Test. So weit die seriöse Seite.

Aber daneben gibt es Sex-Clubs, in denen junge Männer als „Maso-Sex-Sklaven" gehalten werden; sie sind im „Besitz" von Zuhältern, die sie gewinnorientiert anbieten. Die Jungen haben in den Clubs stundenlang als devoter Teil für S/M-Praktiken zur Verfügung zu stehen und nackt an Pole-Dance-Stangen zu tanzen, bis sie von einem Freier ausgewählt werden. Pausen nach dem Geschlechtsakt gibt es nicht. Die Jungen stammen vielfach aus Ost- und Süd-Ost-Europa, aber durchaus auch aus Westeuropa. Nicht selten werden sie von Verwandten, sogar von Vätern, zur Prostitution in den Clubs, auf der Straße oder per Internet gezwungen oder an Zuhälter verkauft. Tätig als Sexarbeiter müssen sie sein, bis sie von den Freiern nicht mehr gebucht werden. Dann werden sie von den Clubs ohne Geld auf die Straße gesetzt. Wenn Sie Glück haben, kauft sie vorher ein Liebhaber (Sugar Daddy) frei. Anders als „normale" mann-männliche Escorts sind diejenigen aus den S/M-Clubs nach ihrer prostitutiven Tätigkeit kaum in die „Normalgesellschaft" zu integrieren – sie sind zumeist körperlich und mental schwer geschädigt. Der Verfasser ist im Besitz von Berichten und Fotos, die das alles belegen.

Im Folgenden werden Sätze aus Unterhaltungen, Internet-Chats und schriftlichen Mitteilungen zitiert; sie stammen aus der ersten Hälfte des Jahres 2023. Ihre Relevanz ist hoch, da sich die Schilderungen mit denen decken, die ich während der letzten fünf Jahre von unterschiedlichen Gewährsleuten erhalten habe.

„Sein Wert sank von Verkauf zu Verkauf. Mit 14 oder 16 das erste Mal auf dem Strich; zwölf Jahre später ist die Jugend vorbei. Und wer dann nicht den Absprung findet, geht unter"

„Ja, deshalb ging es dann immer mehr in die S/M-Richtung, und er musste immer mehr mitmachen und wurde auch immer mehr als Sklave gehalten"

„Mit 16 wurde er vom Stiefvater an Kumpel zum Blasen verliehen, ein paar Monate später dann auch zum Ficken. Ja, sozusagen an einen Typen verkauft, der ihn zuerst als Freund wollte, aber dort musste er weiter anschaffen".

„Er wurde dazu gezwungen. Mit Freiern wollte er eigentlich nie. Wurde dann in Deutschland und in der Schweiz anschaffen geschickt und war zwischendurch auch an Bordelle verliehen".

„Er wurde mehrfach weiterverkauft und kam dann immer weiter Richtung S/M und wurde dann immer mehr auch so gehalten – vor allem da, wo er zuletzt war, da war er eigentlich fast immer im Käfig oder an der Kette, wenn er anschaffen musste".

„Ja, das hat psychisch schon Spuren hinterlassen; die Behandlung war dort schon schlecht und hart“.

„Dort ging es ihm nicht gut; das hat man ihm angesehen. War auch beim Date, als er an der Nasenring-Kette reingeführt wurde, sichtlich ängstlich“.

„Ja, bei Sessions war die Führungskette am Nasenring befestigt und er damit willenlos, weil schon leichte Züge daran höllisch weh tun“.

„Dort im S/M-Club hatte er kaum Erholung, da musste er täglich Sessions machen, teilweise auch mehrere am Tag je nach Nachfrage. Das verursacht natürlich auch mehr Schmerzen.

„Die Nasenring-Ketten schüchtern schon rein psychologisch ein, weil er weiß, wie weh ein Zug daran tut“.

„Das gehört dazu: der Pass wird den Jungen abgenommen, wenn sie in Bordellen oder bei Zuhältern arbeiten wollen“.

„Leder und S/M gehören nicht unbedingt zusammen, aber kommen oft gemeinsam vor“.

„Gibt natürlich auch welche, die Leder und S/M als [jeweils] einzigen Fetisch haben. Aber es gibt auch viele, denen beides gefällt und die Leder und S/M kombinieren“.

Entwürdigt, in Käfigen gehalten, nackt, notdürftig mit Nahrung versorgt, nur in äußersten Notfällen medizinisch versorgt, ohne Pass, ohne Geld, am Ende vor die Tür gesetzt, wenn sie nichts mehr einbringen.

Beide Facetten der Prostitution im S/M- und Leder-Segment sind real. Sie sollen in einem Katalog zu einer Lederausstellung erwähnt und nicht unter den Tisch gekehrt werden. ■

Anhänge

Anhang I

BEN WITTER:

Bei uns sitzt das Leder noch stramm – Wer zum Freundeskreis gehören will, muß menschlich und zuverlässig sein.

In: *Die Zeit*, Nr. 36/1977

Chaps sind Cowboyüberziehhosen, und wer drüben ein netter Kerl ist, den nennt man Chap, und in *„Chaps“*, der neuen Lederbar am [Hamburger] Hauptbahnhof, fand die „Welcome-Party statt. Da gibt es keine Stühle. Das Ecklokal besteht über siebzig Jahre. Gegenüber ist ein Bahndamm mit Schuppen. Der Präsident des *MSC-Hamburg* stand auf der Treppe. Er trank eine Flasche Bier und hielt den Gästen die Hand hin. Motorräder kurvte um die Ecke und kreisten sie ein. Auf den blanken Teilen war kein Kratzer, und von einem Sozius hing eine steife Kette herunter. Sie war am Schutzblech angeschweißt. Und an den Lederuniformen blitzten Achselklappen und Knöpfe, an den Gürteln Schlüssel und an den Hacken der Schaftstiefel Sporenhalter ohne Sporen.

Ich spürte in dem Gedränge das Leder an den Händen und im Gesicht, straff gezogen über den nackten Oberkörpern, die zweite Haut. Eingekeilt war ich und hatte ein Gesicht vor mir, das von einem Mützenschirm in Messing eingefaßt, bis zur Nase verdeckt wurde. Falls der Schirm nach vorne rutschen würde, hätte er Halt auf dem zerquetschten Nasenbein gefunden. Der Mann bahnte mir einen Weg nach draußen, und da sagte er: „ Sie gehören nicht dazu und haben so getan, als sehen Sie mich gar nicht, oder liegt das an dem Zigarettenrauch?“ Ganze Schwaden quollen heraus. Mit solcher Stimme konnte man noch länger über Gesichter reden, vor denen man nicht wegkommt.

Der Mann hatte einen Schlüsselbund rechts am Gürtel und hielt die Hand darüber. Seine Lederhose war nur eine Überziehhose, hinten war ein offenes Dreieck und darunter war weißer Stoff. Einer, der ein Schlüsselbund links am Gürtel trug, mit einem Gesicht, zu schmal, zu käsig und noch zu glatt, folgte ihm um die Ecke. „Wer den Schlüssel links am Gürtel trägt, da, wo das Herz ist, der ist Sadist, und wer es rechts trägt, der ist Masochist. Mit den Ohrringen links und rechts verhält es sich genauso“, sagte der Präsident und wußte nicht, wo er seine leere Bierflasche abstellen sollte.

Und der Herr im braunen Anzug? Ich sollte raten, wie alt er ist. Neunundsechzig war er. Und ich sagte: „Sie sind ja höchstens ein Meter vierundsechzig groß“. Er sollte reagieren, den Mund weiter öffnen, nicht im Schutz seiner Brille nur die Augen gieren lassen; dieser doppelte Glanz. Er trauert um seinen Freund, der an einem Herzinfarkt starb und eine Frau und zwei Kinder hinterläßt. Aber seine Witwe hat die Kiste mit den Peitschen noch nicht gefunden.

„Wo mag die Kiste sein?“ sagte der Herr. Dabei sah er mich an. Ich sagte: „Sie möchten mich verhören, sehen in mir jetzt diese Frau. Das sehe ich Ihnen doch an., Ihre Brille ist für mich wie ein Vergrößerungsglas“. – „Und ich dachte, Sie würden, sich nun zu mir hingezogen fühlen, weil das Stichwort ja von Ihne kam: ‚Verhör‘“.

Ich sagte: „Wenn die Witwe die Kiste findet, dann fürchten Sie sich vor einer Erpressung. Wie oft fühlten Sie sich nicht schon erpreßt, und bei dem Gedanken kommt Ihnen gleich die Vorstellung von einem Verhör. Aber die Kiste ist weg“. „Das sagen Sie so“. – „Ich kann Ihnen doch gar nicht helfen“. – „Verhören Sie mich doch“. „Ich bin hier doch nur ganz zufällig", sagte ich. „Wie Sie das sagen. Sind Sie Arzt?"

Am nächsten Mittag machten sie eine Hafenrundfahrt, anschließend gab es ein Fischessen, und dann begann auf dem Volksparkgelände in dem dafür gemieteten *„Bauernhaus"* die „Goodbye-Party" mit Begrüßung der ausländischen und deutschen Gäste, mit einer Tombola und mit der Uraufführung des Pornofilms *„Maskenball"*. Die Ordnungskräfte standen im Funkverkehr mit dem Präsidenten und seinem Vorstand. Diese Kette konnte kein Unbefugter durchbrechen.

Rechts von der Saaltür nahm ein Lederschneider Maß, und auf einem Tisch wurden Schlüsselringe, Knöpfe, Ketten und Ohrringe verkauft. Im Saal lief der Projektionsapparat, Poster und Photos flimmerten über die Leinwand, nackte und entspannte Darsteller wie in einem Männermagazin, eine Kostprobe mit steilen Hits, die Musik war synchron. Im Garten hatte man Lampions angebracht, und die Bedienung des Imbißstandes war in Schwarz. Wer nicht am Tisch saß oder an Bäumen lehnte, ging entweder hin und her oder trat ins Dunkel und kam zurück und machte den Weg noch einmal.

Mit wem hätte ich hier über Gewalt reden und die Worte alle abmessen können. Wer hätte gesagt, daß er den Gewaltersatzbraucht, wer hätte ein Gesicht dafür? Es waren genug darunter, aber die Lampions und der Imbißstand, das waren Dekorationen für einen Betriebsausflug, da ging man nachher in die Büsche und ließ das Bratwurstfett am Kinn.

In den USA, woher die Lederbewegung kommt, soll es inzwischen Serienmorde gegeben haben, aber die Opfer starben ganz allmählich, keiner schrie auf und fiel tot um, qualvolles Sterben mit letzten Spuren von Lust in den Gesichtern, Gesichter, die man noch photographiert hätte, wären das nicht in Krankenhäusern gewesen. Lederkult, Sterbekult? Aber hier über Gewalt zu philosophieren, wo es gerade wie bei einem Betriebsausflug in die Büsche ging, losgelassen mit Biermarken und Vereinsparolen? Nach Worten suchen, die sich nicht entlarven, sondern Verzweiflung und Trauer begreiflich machen und einkleiden und wegnehmen von diesem organisierten Pornotrubel? Hatte der Ledermann da nicht eine Rose im Stiefelschaft? Er plumpste auf einen Gartenstuhl, aber die Rose stak tief genug im Schaft, sie brach nicht ab.

Auf der Bühne im Saal fand die Begrüßung der ausländischen Klubpräsidenten statt; sie wurde durch Fanfarenstöße angekündigt. Die Präsidenten drückten sich, umarmten sich und schüttelten sich die Hände. Embleme und Wimpel wurden überreicht, man war sich einig und stand kerzengrade da. In dieser Haltung hielt ein Ledermann einen anderen umschlungen, sie starrten sich an und preßten die Lippen zusammen, immer noch kerzengrade. Einer kniete vor einem anderen und spielte mit dessen Schlüsselbund am Gürtel, bis der ihm die Hand wegschlug. Und in die Lederleiber kam Bewegung, aber keiner zuckte.

Dann fing es an zu regnen. Und auch als es donnerte, rannte niemand aus dem Garten, der Regen kühlte ab. Die Tombola war vorbei. Der Film wurde gezeigt, der *„Maskenball"*. „Das ist ein geträumter Gewaltfilm", sagte der Präsident und gab mir noch eine Biermarke. „Ich *[gemeint ist Gerhard Pohl]* bin der Produzent und Regisseur". Fünfundzwanzig Minuten lang träumte der Hauptdarsteller von Ledermännersymbolen, rings um ihn Ledermänner mit Masken, er war ihnen ausgeliefert und sehnte sich nur noch danach, bestraft und gezüchtigt zu werden, wollte weiter nichts als hörig sein, ausgeliefert. Der Regen hörte nicht auf, prasselte gegen die Fenster, Blitz und Donner mischten sich immer ein und hörten nicht auf, die ganze Nacht nicht.

Bis vormittags wurde das *„Bauernhaus"* gesäubert, und in den Büschen durfte auch nichts liegenbleiben. Zwei Tage später saß ich dem Präsidenten, vier Vorstandsmitgliedern und drei Klubmitgliedern in einem Flachdachbungalow gegenüber. Sie waren alle wieder in Zivil. Die Antworten auf die Fragen, die ich wohl stellen würde, hatten sie vorbereitet: In Westeuropa gibt es also 25 Lederklubs. Die Mitgliederzahlen schwanken. Insgesamt sind 5000 Ledermänner organisiert. Zu den 5000 organisierten Ledermännern kommen mindestens noch 5000 Anhänger hinzu, die sich nicht organisieren wollen. Der Hamburger Klub nennt sich „Freundeskreis"! Er hat über fünfzig Mitglieder, Jahresbeitrag 20 Mark.

Wer seine Aufnahme beantragt, ist ein Jahr assoziiertes Mitglied. Ob er endgültig aufgenommen wird, entscheidet der Vorstand. Jeder muß zuverlässig und menschlich sein. Kein Zwang ohne Einwilligung. Wer einen Freund in Stich läßt, kann nicht länger Mitglied sein. Und Spaß ist Spaß. Wer mit irgend jemandem Spaß gehabt hat, und der Spaß ist vorbei, dann soll er doch verschwinden, der sich den Spaß gefallen ließ.

Ich frage de Präsidenten, ob es denn nur um Spaß ginge oder auch Partnerschaften bestünden. Der Präsident sagte, daß Partnerschaften auch bestehen blieben, wenn einer der Partner mit irgend jemandem seinen Spaß gehabt hätte. Und der Spaß um des Spaßes willen sei es eben. Von Einzelheiten war dann auch noch die Rede. Und ich erfuhr, daß die älteste Lederbar in Berlin war.

„Was heute in New York passiert", sagte der Präsident, „ohne Berlin wären sie da nie so weit gekommen, New York hat jetzt die Führung. Da trägt man die Schlüssel mal links und mal rechts. Die wollen sich da überhaupt nicht mehr festlegen. Aber in Europa ist man beständiger. Hier sitzt das Leder auch noch stramm. In New York können sich die Hosen hinten ruhig beuteln, und wer ein Loch in der Hose hat, das ist ‚in'".

Ein Vorstandmitglied sagte: „Die Lederszene setzt sich aus soundsovielen Träumen zusammen, aber das Schönheitsideal hat sich gewandelt. Wir wollen Gesichter haben. Typen und nichts, was nur hübsch ist und sich anschmiegt. Kein Frauenersatz. Andere Homosexuelle machen sich über ältere Männer lustig. Wir nehmen sie aber ernst. Bei uns wird auch keiner ausgenutzt, wir suchen Männer, wir brauchen Köpfe!"

Dann sagte der Präsident: „Und bei uns gibt es kein Blut . Von hundert Ledermännern sind vielleicht fünf bis zehn Prozent Masochisten oder Sadisten, dreißig Prozent sind Exhibitionisten, und keiner ist gegen harten Sex. Der tut auch nicht weh, wenn man entspannt ist. Und keiner wird in seinem Blut liegengelassen., aber ich sagte ja schon, daß es bei uns kein Blut gibt. Arbeiter sind nicht Klubmitglieder. Das fängt beim Handwerker an und reicht bis zum Akademiker".

Ein Klubmitglied sagte: „Warum giften uns die anderen Homosexuellen immer so an? Weil wir alle einen Mann wollen, deshalb. Wir geben uns männlich. Wir sind die Ehrlicheren, Individualisten sind wir, und wir stehen zu unseren Auffassungen, wir sind Männer". Nur der Präsident hat eine tiefere Stimme, er verzog auch keine Miene, von den anderen schienen sich einige beim Sprechen im Spiegel zu sehen.

Sie möchten nicht hören, daß sie homosexuell sind. Und von Gewaltersatz, sagten sie, hätten sie schon genug gehört, aber das sei schließlich eine Frage der Interpretation. Seelische Qualen seien doch viel gefährlicher als körperliche, und wer das Fleisch trifft, haut die Seele nicht kaputt. Wie viele Menschen gingen täglich an seelischen Grausamkeiten zugrunde, am Arbeitsplatz oder bei sich zu Hause.

Jeder war mit seinen Antworten zufrieden, wer hätte dem anderen deshalb nicht die Hand gereicht und fest geschüttelt? Ich stand als letzter auf. Einer hatte Hunger. Er ißt so gerne Süßspeisen, aber ohne Sago. Ich sagte, daß seine Mutter vielleicht schon eine Portion für ihn im Kühlschrank hat. Er sagte: „Ich liebe sie auch über alles, wir lieben alle unsere Mütter. Eine Mutter fuhr erst einen Tag später in Urlaub, ihr Sohn mußte zu einem Ledertreffen in Amsterdam und es war noch so viel für ihn zu waschen und blank zu putzen". Was würde er alles für seine Mutter tun?

Die grausamen Muttersöhne? Werden sie noch Schlagzeilen liefern? In den USA haben sie es längst getan. Aber hier herrscht Ordnung und Disziplin. Die Reihen sind fest geschlossen *[Bezug Witters auf das Horst-Wessel-Lied]*. Und wer sich an einen Baum binden läßt, wehe, er schreit, seine Mutter könnte es hören; seufzen soll er, betteln und flehen und keuchen. Und ist der Spaß vorbei, dann wird er abgebunden und allein gelassen. Spaß, sagten sie. ■

Anhang II

OHNE VERFASSERANGABE:

Kuscheln am Stiefel

In: *Der Spiegel* 24/1977

Ein Buch gibt Einblick in die Praktiken der homosexuellen Sado-Maso-Szene: Hubert Fichte interviewte einen „Ledermann". Leder, so spricht der schwule Ledermann, „ist wie eine atmende Haut". Etwas „Animalisches" verbinde sich damit: der „scharfe Geruch" von Schweiß, Leder, Körper, Urin komme dem „Geruch von Blut ähnlich"; es sei „eine Art von Droge".

Holder Zartsinn ist nicht Ledermanns Sache. Diese „schwarze Liga", diese „Reichswehr der Schwulen" habe eines gemeinsam: Sie sei „fähig zum Sadismus", „fähig zum Masochismus", zu allem; „es hat in der Lederszene schon mehrere Tote gegeben".

Greuel von KZ-Kaliber schildert der Ledermann, Schinder-Orgien, Selbstverstümmelungen, groteske Sexualpraktiken, eine sinistre Wollust an Blut und Exkrementen, an Vergewaltigungen und Vergewaltigtwerden, an Perversionen aller Art. Nachtmahrische Phantasien eines neuen Genet?

Szenen eines Interview-Buches, das als „Dokument", als „Chronik" genommen werden will, zum Großteil auf Hamburger Boden spielt und nicht in irgendeiner Porno-Maso-Klitsche erschienen ist, sondern bei Suhrkamp: „Hans Eppendorfer: Der Ledermann spricht mit Hubert Fichte".

Als „wichtigsten ‚literarischen' Text der letzten Jahre über die Biographie eines Homosexuellen" begrüßt das Homo-Blatt *„Schwuchtel"* die SM-Chronik. *„Die Zeit"* geriet, nach einer vorgezogenen Theater-Aufbereitung des Textes, ins „Staunen darüber, was gleich nebenan so alles abläuft an eigentlich doch Unvorstellbarem". Ein Blick in Psycho-Katakomben.

Ledermanns Name, Hans Eppendorfer, ist ein Pseudonym. Hans-Peter Reichelt, 34, nennt sich so nach dem Hamburger Viertel, in dem er wohnt. Das Alias nutzt er als „Gebärmutter, in die ich mich zurückziehen kann", die ihn vor „Sensationslust abschirmt".

Reichelt hatte als 17jähriger eine alte Frau ermordet und war zu zehn Jahren Gefängnis verurteilt worden. „Dedikationsgedichte", die er in der Haft schrieb („Du liegst an der Leine, und die Hunde stehen Wache"), erregten die Aufmerksamkeit des Lyrikers Peter Rühmkorf.

Nach der Entlassung, 1970, trat Reichelt in die Hamburger Homo-Szene ein, lernte den Schriftsteller Hubert Fichte (*„Versuch über die Pubertät"*) kennen, und in drei weitläufigen, „authentischen" Interviews, in Abständen von drei Jahren geführt, sprach der Ledermann zu Hubert Fichte.

Die Frage-Form hatte Fichte schon in den *„Interviews aus dem Palais d'Amour"* erprobt, Geständnissen vom Kiez. Fasziniert von archaischen Blut- und Opfer-Ritualen, die er in seinem *„Xango"*-Report erforschte, findet Fichte es nun „nicht wahllos, die Aussagen des Ledermanns mit dem Schamanismus in Verbindung zu bringen". Sado-Maso als eine Art Voodoo?

Reichelts Weg in die fetischistische SM-Szene hat, wie er ihn beschreibt, zumindest exemplarische Züge. Als uneheliches Kind bei Verwandten aufgewachsen, lernt er seine Mutter erst mit sieben Jahren kennen – und hassen: Sein Liebesbedürfnis wurde „niedergetreten" und schlug in Angst und Aggression um; angepeilte Vater-Figuren entpuppten sich als Päderasten.

Mit 16 findet er eine Ersatz-Mutter, eine greise Mormonin, die ihm das „Gefühl von Geborgenheit" gibt, zunächst. In einem kapitalen Blutrausch, ausgelöst offenbar durch zweideutige „schwitzige" Zärtlichkeiten, zerfleischt er die Frau auf grausige Weise: „Die niedergetretene Zuneigung eines Kindes zur Mutter, all diese Wünsche, all diese Hoffnungen, all diese Enttäuschungen, alles habe ich in dieses Gesicht hineingeschlagen, hineingestapft, zerrissen, gehackt, gestochen, und ich fühlte mich befreit, wirklich befreit“.

In der Haft hat er sich „zur Disziplin erzogen“, seinen „Willen trainiert“ und einen Fernkurs für Journalistik mitgemacht. „Hohe Schule des Schreibens“, „Hamlet“ oder auch „Hitler“ war sein Knast-Spitzname, Gnadengesuche zu stellen, lehnte er ab.

Im Knast wurde er „gelebt“, war er „Opfer bis an den Rand der Selbstvernichtung“. In der Lederszene, sagt er, „habe ich dieses Verhältnis umgedreht und mir mein Opfer gesucht“. Und das sei nicht nur „eine Art Spielerei“: „Es kann jeden Augenblick blutige Realität werden“.

Reichelt, ein blonder Hüne („Ich komme in den USA gut an“) mit glatten Manieren, ist mittlerweile Chefredakteur des Homo-Magazins *„himapplaus“* und mit einer 25 Jahre älteren Design-Professorin verheiratet. Die sprachmächtige „Intelligenzbestie“ (Reichelt über Reichelt) redet skrupellos über die SM-Szenerie und analysiert sie kalt.

Homosexualität ist für ihn klar verbunden „mit der Vorstellung von Blut, Vergewaltigung und Leder“. Lederfetischismus, sagt er, sei „übersteigerter Männlichkeitswahn“, ein „Herrenrasseersatz“, und er kann sich einige Ledermänner gut als „potentielle KZ-Wächter“ vorstellen.

Das Herr-Knecht-Prinzip strukturiert die schwarze Gesellschaft, Parvenüs gibt es auch. Die „sogenannten Kleinschwänzigen“ etwa versuchten ihr Defizit durch „vorgegebenen Sadismus wettzumachen“, während sie, gäbe es keinen „Leistungszwang“, viel lieber „kleine Mäuschen wären, die sich um den Lederstiefel kuscheln möchten“.

Die Leder-Lobby ist kein loser Haufen, sondern „international sehr straff organisiert“. Das europäische Zentral-Organ heißt *„Der Stiefel“*, als Bibel gilt *„The Leatherman's Handbook“* eines Larry Townsend, und als Geburtstagsgabe schickt man sich gelegentlich einen Lederbubi „mit auf den Po tätowierten Glückwünschen“.

Bei „Internationalen Meetings“ in London werden die einzelnen „Ledertreffen“ projektiert; Zentren finden sich in San Francisco, New York wie Amsterdam, München, Hamburg, Berlin. Lokal sind die SM-Freunde als „Motorsport-Club“ (MSC) organisiert; SMC ist gemeint.

Mit der ledernen Rocker-Szene haben die SM-Clubs nichts zu schaffen. In Hamburg gibt es an die 100 praktizierende Ledermänner, soziale Schicht: „Art Director. Photograph. Barkeeper. Büroangestellter. Polizist. Taxifahrer. Arzt“. Leute mit „finanziellem Atemraum“ halten die „Führungspositionen“.

Die Hamburger Leder-Gemeinde findet Reichelt mittlerweile „sehr etepetete“. Eine „Altherrenriege“ habe sich „Vereinssatzungen“ gegeben, es sei eine „gut organisierte Mannbarkeitsanstalt“ geworden. Man fahre in „Ledermontur und Kettchen und Mütze im Taxi zum nächsten Lederlokal“, man mache „so seine<Pflichtübungen“.

Angesichts der „weltweiten Massenbewegung“ der Ledermänner, angesichts der „Neurosen unserer Gesellschaft“, fragt Interviewer Fichte schließlich, ob für Reichelt die Lederszene „eine art theatralischer Therapie“ war. „Ja. Möglich““, antwortet er: „Mache dir andere zum Opfer, bevor du selbst dazu wirst.“.

Zu solcher Weltsicht paßt dann auch, daß Hitler für den Ledermann nur einer ist, der sich „zu abhängig machte von seinen Ratgebern“ und „zuviel auf einmal haben wollte: Wenn er ganz systematisch und mit Bedacht eines nach dem anderen eingesackt hätte, dann hätte er den Krieg gewonnen“.

Mit Hubert Fichte spricht der Ledermann jetzt nicht mehr. Über Streitigkeiten, wer wen als Autor eingesackt oder überspielt habe, entzweiten sich die beiden. ■

Anhang III

ERIC OLUF JAUCH:

Ledermänner im Volkspark: Teilnahme auf eigene Gefahr

In: *Szene Hamburg*, August 1977

In der *„Loreley"* und im *„Chaps"* kursieren derzeit unter den Thresen [sic] die Programmhefte zu zwei Leather-Meetings in dieser Stadt. Männer mit gewaltigen Muskeln und opulenten Genitalien versprechen dem erstaunten Leser „hot August nights", warnen aber auch: „Teilnahme am Treffen auf eigene Gefahr".

Zwei konkurrierende Groß-Veranstaltungen, beide am Wochenende 5.–7. August, und eine Ausstellung *„Kunst und Leder"* erwarten schwule Ledermänner aus aller Welt. Neben einer Barkassenfahrt der Leathermen ins Blaue und einem „Hamburger Senatorenfrühstück" im *Club Uhlenhorst* dürfte ein Meeting im Volkspark mit Tombola, Kino und rollender Verpflegung zum Höhepunkt der Veranstaltungsreihe werde. Das klammheimlich arrangierte und jede Öffentlichkeit scheuende Treffen im Volkspark wird in dieser Stadt zum fünften Mal in Szene gesetzt. Veranstalter des „5th International Leather Meeting" ist der *MSC Hamburg*, was ein Kürzel für „Motorsport-Club" sein will, aber, so der „Spiegel": „S/M-C ist gemeint". Die Warnung, daß der MSC weder für Personen- noch für Sachschäden aufkommen" könne, ist gleich zweisprachig gedruckt – deutsch und englisch.

Daß Leder nicht gleich Leder ist, glaubt der Homo-Konzern *Tom's Saloon/Pit Club* (Pulverteich 17, Telefon 243380) und *Club Uhlenhorst* (Adolfstraße 25, Telefon 225954). Die drei Etablissements offerieren, um sich vom schwulen Fußvolk abzusetzen, ihren Gästen am Sonntagmorgen (7.8., 11 Uhr) ein „Hamburger Senatorenfrühstück" mit Kaviar, Lachs, Aal, Roastbeef, Braten und Sekt.

Schwulen Vorgeschmack bietet Ihnen bereits zu Monatsbeginn die Ausstellung *„Kunst in Leder"* des *Revolt-Shops* in der Clemens-Schultz-Straße 77. Dort stellt Günter Henzler, Art-Director in Sachen Milchprodukte, unter dem Pseudonym Martin S. Cool (lies: M. S. C.) seine Galerie potenter Knaben vor: bizarr tätowierte Muskelmänner, Typen mit Ketten und Peitschen und sinnlichem Blick, Leathermen in geschlechtsbetonenden oder heruntergelassenen Hosen.

Günter Henzler, MSC-Vize, ist – ebenso wie sein Präsident, der Fotograf Gerhard Pohl („Pom's Kindergries") – ganz verstört über die schlechte PR, die seine ledernen Brüder vor ein paar Wochen durch den *„Spiegel" [siehe Anlage II]* erhielten. Dort war zu lesen: „Holder Zartsinn ist nicht Ledermanns Sache. Diese ‚Schwarze Liga', diese ‚Reichswehr der Schwulen' habe eines gemeinsam: sie sei ‚fähig zum Sadismus', zu allem; ‚es hat in der Lederszene schon mehrere Tote gegeben'". Das wissen die MSC-Initiatoren natürlich anders und besser. „Wenn wir schon mal jemanden an den Baum binden", versichert MSC-Henzler mit bekümmertem Blick, „stehen wir doch nur dahinter und onanieren ein bißchen".

Die Onanier-Veranstaltung beginnt am Freitag, dem 5. August um 21 Uhr mit einer „Welcome-Party" in Hamburgs neuester Lederbar *„Chaps"* an der Woltmannstraße [richtig: Woltmanstraße] 24. Am Samstag um 16 Uhr startet dann die Barkassenfahrt von den Landungsbrücken (Brücke 3). Gleicher Tag, 19 Uhr: Abendessen im *„Fischerhaus"* (Fischmarkt 14). Von 21 Uhr bis 3 Uhr morgens ist das *„Bauernhaus"* im Volkspark (Nansenstraße 82) gemietet. Nimmermüde können gleich weitestiefeln ins *„Chaps"* zur Good-bye-Party" rund um die Uhr. Für Sonntag (7.8., 11 Uhr) ist noch ein Frühschoppen in der *„Euro-Sauna"* an der Christuskirche anzuzeigen.

Höhepunkt des Leather-Meeting: die Fete im Volkspark. Für die stattliche Summe von 2000 Mark mietete der MSC für sechs Nachtstunden das bürgerliche Restaurant *„Bauernhaus"* samt Park mit der Auflage, dieses „besenrein" zu hinterlassen. Letzteres ist leichter versprochen als einzuhalten: in den vergangenen Jahren fanden sich – in der *Fucktory* und anderswo – noch wochenlang verstreute Crisco-Speisefett-Dosen und Sexual-Stimulantia aller Art in Kellerräumen und Büschen.

Eine Tombola um 24 Uhr mit Preisen im Wert von nahezu 2000 Mark, die Uraufführung eines Pornofilms um 1.30 Uhr (*„Ein Maskenball"* von Gerhard Pohl), Disco-Tanz, Rolfs rollender Verpflegungswagen und der Verkauf von S/M-Artikeln, Zeitschriften, Filmen, Lederbekleidung nach Maß ist der offizielle Teil. Was inoffiziell sich abspielt im nächtlichen Volkspark, bleibt Geheimnis der Veranstalter und Teilnehmer.

MSC-Mitglieder sind, bei angedrohtem Ausschluß, zur Schweigepflicht vergattert. Falls Sie sich um eine Mitgliedschaft bewerben wollen, müssen Sie diese und andere Tugenden während eines einjährigen Novizentums unter Beweis stellen. Nach sozialer Herkunft wird nicht gefragt. Mitglieder des MSC sind ebenso ein Taxifahrer und ein Barkeeper wie der Chirurg an einem großen norddeutschen Krankenhaus und ein hoher deutscher Polizeibeamter.

Überhaupt fällt auf, daß MSC-Leute vor ihrem Sado-Feierabend ausgesprochen bürgerlichen Berufen nachgehen, ihre Mütter und Nachbarskinder herzlichst umsorgen, sich oft auch einen ausgesprochen sozialen Gestus auferlegen – als Betriebsratsvorsitzender etwa. Günter Henzler, stets superkorrekt gekleidet und mit erhobenem Zeigefinger: „Die Leute haben eine ganz falsche Vorstellung von uns".

So oder so, jede Minderheit hat ein recht auf's Ausleben ihrer Sexualität. Lederleute gelten selbst unter Homosexuellen noch als Exoten. Sie sollten sich dennoch nicht in die nächtlichen Büsche des Volksparks schlagen, sondern stolz öffentlich und auf der Straße zu ihrer Veranlagung stehen. In den USA, in Schweden und anderswo hat man's ja bereits vorgemacht.

Auskünfte über die Mitgliedschaft im MSC gibt Präsident Gerhard Pohl, Ansgarweg 1 h, 2000 Hamburg 54, Telefon 560 11 49. Nachzutragen bleibt, daß die gesamte Veranstaltungsreihe nicht öffentlich ist, Karten also nur im Vorverkauf über Herrn Pohl zu beziehen sind. ■

Literaturangaben

Angaben zu Literatur, Archivalien und Abkürzungen

Bauhaus. Carsten: *Aus der Tiefe: Die Ausstellung „Rex – Verboten“*. In: *Siegessäule*, 8. 9. 2016 unter https://www.siegessaeule.de/magazin/2929-aus-der-tiefe-ausstel...

Beran, Heino/Braeuer, Klaus/Sülau, Peter: *Heisse Kerle – Steife Brise: Das Buch zu 40 Jahren Hamburger Ledertreffen mit Lach- und Sachgeschichten und jeder Menge Schweinereien.* Hamburg 2013 (zitiert als Beran, Braeuer, Sülau).

Braeuer, Klaus: siehe unter Beran, Heino.

cw: *Fotograf Rüdiger Trautsch ist tot – Er war der Chronist der queeren Szene in Deutschland. Rüdiger Trautsch ist im Alter von 75 Jahren gestorben.* In: *queer.de*, 21.10.2021 unter https://www.queer.de/detail.php?article_id=40293

cw: *Rüdiger Trautsch beigesetzt*. In: *queer.de*, 23. 12. 2021 unter https://www.queer.de/bild-des-tages.php?einzel=3633

cw/pm: *Lüsterne Cowboys, Latin Lovers und kantige Stallburschen (betr. George Quaintance)*. In: *queer.de*, 17.4.2019 unter https://www.queer.de/bild-des-tages.php?einzel=2607

ECMC – About & History unter exmc@ecmc.eu

Eppendorfer, Hans: *Der Ledermann spricht mit Hubert Fichte*. Frankfurt am Main 1977

Fetisch-Report, Ausgabe 4/2008

Fetisch-Report, Ausgabe 4/2017

Goebel, Peter: *Ledertreffen reloaded. Zum 35. Geburtstag präsentiert sich das Hamburger Fetischtreffen ambitioniert*. In: *hinnerk*, August 2008, S. 34.

Gypsy MC, History unter https://gypsymc.de

Hamburg von hinten, Ausgaben 1982 und 1984/84, hrsg. Ernst Meibeck, Berlin [1982, 1984].

Hanson, Dian: *The little book of TOM of Finland – Cops & Robbers*. Köln 2022.

Henzler, Günter: *Ohlsdorf: Baum und Raum. Der Friedhof als Landschaftspark*. Hamburg 1998.

in het Panhuis, Erwin: *Das erste schwule Beefcake-Magazin in den USA: Körperkultur als Alibi für Homoerotik*. In: *queer.de*, 1.11.2021 unter https://www.queer.de/detail.php?article_id=40365

Judin, Juerg/Karstens, Pay Matthis: *Made in Germany: Tom of Finland*. Mailand 2020

Karasch, Thomas: *Gedanken zur Lederszene* in: *Hamburg von hinten*, Ausgabe Berlin 1989/1990; erneut abgedruckt in Beran/Braeuer/Sülau S. 44-46

Knopke, Burkhard: *Der MSC Hamburg feiert seinen 20. Geburtstag*. In: *hinnerk*, August 1995 S. 7.

Leather Hall of Frame: *International Mr. Leather 2017: MSC Hamburg e. V.* unter https://leatherhalloffame.com/inductees.htm

Leather Hall of Fame: *Rex, GMSMA* [Gay Male S/M Activists], The 15 Association , 02. Februar2022 unter

https://leatherhalloffame.com/

Lorenz, Gottfried: siehe unter Rosenkranz, Bernhard/Lorenz, Gottfried

Marsault, Ralf: *faintly falling. Berlin Years on the Wagenburg*. Berlin 2020. Der zentrale Essay dieses Buches *Atlas der Zufluchtsorte – ein Interview von Héléna Bastais mit Ralf Marsault* – ist in deutscher, englischer und französischer Sprache wiedergegeben. Die deutsche Version umfasst 12 Seiten.

Marsault, Ralf, Fotograf unter https://actuphoto-com.translate.goog/ralfmarsault?_x_tr_sl=fr&_x_...

Marsault-R, Ralf: *Les vrais mâles de Hambourg*. In: *Gai Pied Hebdo* No. 187, 28. September bis 4. Oktober 2010, S. 52 f.

Mesli, Rostom: *Leather Hall of Fame: MSC Hamburg* von Rostom Mesli, Managing Director – Leather Hall of Fame, University of Pittsburg, Gender, Sexuality, and Women's Studies unter https://leatherhalloffame.com/inductees-list/34-msc-hamburg.html © 2023 Leather Hall of Fame. Der Artikel von Rostom Mesli ist früher geschrieben worden, denn er verweist am Ende auf die kommenden Hamburger Leder-Party im August 2017 (zitiert als Mesli).

Mesli, Rostom: *A brief history of the MSC Hamburg* unter https://msc-hamburg.de/about-us zur Leather Party 2023 in Hamburg. Der Text von Rostom Mesli verweist am Ende auf die Lederparty 2018 (zitiert als Mesli).

mize: *Tom of Finland, aber mit Hunden und Katzen.* In: *queer.de*, 21. Juni 2023 unter https://www.queer.de/bild-des-tages.php?einzel=4209

Mustola, Kati und Delage, Alice: *Gateway to the world; Tom of Finland and Hamburg.* In: Juerg Judin und Pay Matthis Karstens: Made in Germany: Tom of Finland. Milano/Mailand 2020.

Ostertag, Ernst: *Die erste Broschüre „Safer Sex für Ledermänner".* In: *Schwulengeschichte.CH*, April 2008 unter https://schwulengeschichte.ch/epochen/7-aids-und-seine-folgen/saf

Ostertag, Ernst: *3. Auflage ... privat gesponsert mit Erklärungen* in: *Schwulengeschichte.CH*, April 2008 unter https://schwulengeschichte.ch/epochen/7-aids-und-seine-folgen-saf

Ostertag, Ernst: *Safer Sex für Ledermänner – Aufklärungs-Broschüren*, in: *Schwulengeschichte.CH*, September 2011 unter https://schwulengeschichte.ch/epochen/7-aids-und-seine-folgen/saf

Oswald, Georg: *Martins coole Männer.* In: *hinnerk*, August 1995 S. 1-6.

Patsy l'Amour laLove: *Der Mythos Lederkerl.* In: *Siegessäule*, 24.4.2020 unter: https://www.siegessaeule.de/magazin/der-mythos-lederkerl/...

Pohl, Gerd [= Gerhard]: *Hamburgs harte Männer – ein Streifzug durch die Lederszene.* In: *Hamburg von hinten*, Berlin [1982], S. 35–44. Wieder abgedruckt in: Beran/Braeuer/Sülau (s. o.) S. 16–19.

Pohl, Gerhard: *Licht-Blitze.* In: *Hamburg von hinten 1984/85*. Berlin 1984 S. 64-67.

Pohl, Gerhard: *Some informations about Gerhard Pohl*, verfasst für die New Yorker Ausstellung 1981. Maschinenschrift. Dieser biographische Abriss befindet sich mit mehreren ähnlichen Fassungen im Depositum Gerhard Pohl im Schwulen Museum Berlin.

Presley, François Maher: *Hans Eppendorfer – Der Ledermann – Versuch einer Biografie.* 2018

Queerguru: *The Art of George Quantance that gets overlooked too often*, 17. 3. 2021 unter https://queerguru.com/the-art-of-george-quaintance-that-gets-over

Riedener, Herbert: siehe unter Rüedi, Beat

Rolle, Elisa: *George Quaintance: A Pioneer of male physique painting* (1 of 6)

Rosenkranz, Bernhard/Lorenz, Gottfried: *Hamburg auf anderen Wegen – Die Geschichte des schwulen Lebens in der Hansestadt.* Hamburg 2005, 2. überarbeitete Auflage 2006 (zitiert als *HHaaW*).

Rosenkranz, Bernhard: *Ledermann der ersten Stunde. Zum Tode von Günter Henzler alias Martin S. Cool.* In: *hinnerk*, Dezember 2005

Rüedi, Beat/Riedener, Herbert: *Safer Sex für Ledermänner*. Herausgeber: Loge 70, Zürich und Aids-Info-Docu Schweiz, Bern; 2. Auflage ebenfalls 1990, 3. Auflage 1992, 4. erweiterte und überarbeitete Auflage 1996

Ruszczycky, Steven: *William Carney and the Leathermen: Revaluing BDSM in the Pornographic Counterpublics of the 1970s* unter https://academic.oup.com/chicago-scholarship-online/book/42337/...

Scheper, Benedikt: *Fotograf Robert Mapplethorpe: Meister der Gegenpole.* In: *NDR*, 23. Juli 2020 unter https://www.ndr.de/kultur/buch/Robert-Msapplethorpe-Bildband

Schneider, Martin: *Move over, Tom ofFinland, George Quaintance ist he gayest artist of all unter* https://dangerousminds.net/comments/move_over_tom_of_finland

Stag, Paul: *A brief history of leather* unter https://aiphatribe.com/a-brief-history-of-leather/....

Stag, Paul: *Oldest Leather Bar in the world (revised): The Argos, Amsterdam* unter: https://alphatribe.com/oldest-leather-bar-in-the-world-revised-the-

Stag, Paul: *The world's first gay leather bar* unter: https://alphatribe.com/the-worlds-first-gay-laether-bar/...

Sülau: siehe unter Beran, Heino.

Sülau, Peter: *Früher war mehr Leder – Ein Stammtisch zu HIV und mehr.* In: *Gemeindebrief St. Georg-Borgfelde*, Ev. -luth. Gemeinde, Dezember 2021 – Februar 2022, S. 10f.

Šustr, Nicolas: *„Fleischmarkt" – Von Sex in Hinterzimmern.* In: *99% Urban* unter https://www.99prozenturban.de/fleischmarkt

The birth of ECMC unter: https://www.lcroma.com/eu/the-birth-of-ecmc...

The Leslie-Lohman-Gallery New York: *Gerhard Pohl: SMart One. Ausstellung October 6 th trough October* 31st, 1981, Maschinenschrift in Depositum Gerhard Pohl im Schwulen Museum Berlin.

The Satyrs Motorcycle Club of Los Angeles/Satyrs, Internetauftritt

Townsend, Larry: *Das Lederhandbuch*, übersetzt von Gerold Hens, 1. Auflage, Berlin 1998

Weidemann, Carsten: *Schwules Museum würdigt Petra Gall und Rüdiger Trautsch.* In: *queer.de*, 9.5.2012 unter https://www.queer.de/detail.php?article_id=16464

Wikipedia-Artikel:
Ausschreitungen von Hollister | Cap San Diego | Club de Sade [Hamburg] | Der Wilde (= The Wild One) [Film] | Die Halbstarken [Film] | Die 120 Tage von Sodom (Film) | DMK: Deutsches Milchkontor | Faustrecht der Freiheit (= Fox and his friends) [Film] | Folsom Europe | Gai pied | George Quaintance (deutsch- und englischsprachig) | Gypsy MC | Formierte Gesellschaft | Herbert Jäger (Jurist) | Halbstarke | Hans Eppendorfe | Hugo Lederer | Ingo Taubhorn | John Preston | Larry Tomnsend | Lederclub | Lederszene | Mattachine Society | Nights in Leather (= Post Haste Hustle [Film mit Peter Berlin, 1973] | Ochsengarten (Nachtbar) | Outlaws MC | Querelle (Film) | Paraphilie | Peter Berlin | Physique Pictorial | Pink Angels | Pissed Off Bastards of Bloomington | Pupplay | Rainer Ehlers | Rex (artist) | Rinaldo Hopf | Robert Mappletorp | Sexueller Fetischismus | Sexuelle Revolution | Skinhead | Stubnitz (Schiff) | That Boy [Film mit Peter Berlin, 1974] | Tony DeBlase | Westdeutsche Studentenbewegung der 1960er Jahre

Witter, Ben: *Bei uns sitzt das Leder noch stramm – Wer zum „Freundeskreis gehören will, muß menschlich und zuverlässig sein.* In: *Die Zeit*, 26. August 1977 unter https://www.zeit.de/1977/36/bei-uns-sitzt-das-leder-noch-stramm

Würdemann, Ulrich: *MS Panther e. V. Köln* unter https://www.2mecs.de/2016/02/ms-panther-karnevalsorden-koe...

Würdemann, Ulrich: *Schwulenmagazin Gai Pied (1979–1992)*, publiziert 22. 3. 2010 unter https://www.2mecs.de/wp/2010/03/gai-pied-schwulen-magazin

ohne Verfasser: *Front: The early years – Fotografien von Rüdiger Trautsch* unter https://www.artberlin.de/ausstellung/front-club

ohne Verfasser: *Kuscheln am Stiefel.* In: *Der Spiegel*, 5. August 1977 (= 24/1977)

ohne Verfasser: *Leather for ever: Zwei Hamburger Fetischkünstler im Café Gnosa.* In: *hinnerk*, Juli 2006.

ohne Verfasser: *Wichtiger Chronist queeren Lebens: Fotograf Rüdiger Trautsch ist tot.* In: *Siegessäule*, 21. 10. 2021 unter https://www.siegessaeule.de/magazin/fotograf/-r%C3%BCdiger-tram

ohne Verfasser: *Wer war der amerikanische Künstler Robert Mapplethorpe?* In: *P 55 Magazin*, 16. 5. 2022 unter https://www.p55.art/de/blogs/p55-magazine/who-was-robert-mapp...

Archivalien:

Depositum Heino Beran im Schwulen*Museum Berlin unter NL Heino Beran 1/10 und 9/10

Depositum Gerhard (Gerd) Pohl im Schwulen*Museum Berlin

Abkürzungen:

Hvh: Hamburg von Hinten

HHaaW: Bernhard Rosenkranz und Gottfried Lorenz: *Hamburg auf anderen Wegen*

Bildnachweis

Wir danken:

Nico Bielow (S. 67–68), Nils Bollenbach (S. 66), Lars Deike (58), Jürgen Drese (S. 11, 62–64), die uns ihre Werke für die Ausstellung und diesen Katalog unentgeltlich zur Verfügung gestellt haben.
Frau Helga Kistenmacher und Herr Michael Kistenmacher als Schwester bzw. Neffe von Gerhard Pohl, Herrn Lars Borgen als dessen Lebensgefährten und dem Schwulen Archiv im Schwulen* Museum Berlin (SMB) für die kostenlose Zurverfügungstellung des Materials zu fotografischen Aufnahmen.

S. 5, 54–57: Plakate von Günter Henzler, Privatsammlung
S. 12: Logo des MSC: Gestaltet von Günter Henzler, Privatsammlung
S. 30: Buchcover 1998, Privatbibliothek
S. 54: Porträt Günter Henzler, Privatsammlung
S. 59: Lars Deike, Titty Touch, Privatsammlung
S. 60: Erling Viktor, Privatsammlung
S. 61: Juan Carlos Di Pane, Privatsammlung
S. 71: Buchcover, 1998, Privatbibliothek
S. 47–53: Fotos von Gerhard Pohl, Privatsammlungen
S. 67: Yves Tennevin (https://commons.wikimedia.org/wiki/File:Ralf_Marsault_-_Comédie_du_Livre_2011_-_Montpellier_-_P1150622.jpg), „Ralf Marsault - Comédie du Livre 2011 - Montpellier - P1150622“, Helligkeit optimiert, https://creativecommons.org/licenses/by-sa/3.0/legalcode
S. 74: Dietmar Rabich (https://commons.wikimedia.org/wiki/File:Hamburg,_Landungsbrücken_--_2016_--_3138-44.jpg), https://creativecommons.org/licenses/by-sa/4.0/legalcode
S. 76: Levin Kohrt bei unsplash.com
S. 77: Flo Beck at German Wikipedia (https://commons.wikimedia.org/wiki/File:Schellfischtunnel_Südportal.JPG), „Schellfischtunnel Südportal“, https://creativecommons.org/licenses/by-sa/2.0/de/legalcode
S. 78: San Andreas (https://commons.wikimedia.org/wiki/File:Fabrik-Hamburg-Altona.JPG), „Fabrik-Hamburg-Altona“, https://creativecommons.org/licenses/by-sa/3.0/legalcode
S. 80, 82: Privatsammlung
S. 87: Uwe Rohwedder (https://commons.wikimedia.org/wiki/File:St-Georg-AIDS-Mahnmal-1.jpg), https://creativecommons.org/licenses/by-sa/4.0/legalcode

Wir danken außerdem diesen Institutionen für deren Unterstützung unseres Projektes, Olaf Welling für dessen Umsetzung zu einem Buch und dem Himmelstürmer Verlag für die Herausgabe.

hamburgpride
EINGETRAGENER VEREIN

HEIN & FIETE
Der schwule Checkpoint

FOLSOM
EUROPE

erotica
BOUTIQUE
BIZARRE

Himmelstürmer Verlag

Dieter Allers **Männer – Freunde – Liebespaare**
Biographische Notizen
136 Seiten, sw Abbildungen,
18 farb. Abbildungen
ISBN 978-3-98758-133-5 Auch als Ebook

Männerpaare gibt es seit den antiken Mythen, im Alten Testament, in Geschichte und Literatur, zuletzt in „Brokeback Mountain“. Oft kennt man nur den Berühmteren – Michelangelo, Shakespeare, Montaigne – aber zu jedem gehört ein Partner.

Diese biographischen Skizzen stellen sie als Freunde oder Liebespaare in ihrer meist fruchtbaren Beziehung dar. Auch „tragische Paare“ wie Oscar Wilde und Lord Douglas, Rimbaud und Verlaine werden in ihrem Drama skizziert. Wegen der christlichen Sexualtabus tauchen in der Literatur Männerpaare erst im 19. Jahrh. auf. Walt Whitman, Thomas Mann u.a. haben diese Sehnsucht und Liebe beschrieben.

Der Autor beleuchtet die Schicksale dieser Männer, die ihre Liebe mit dem Partner eint, die damit wachsen und manchmal scheitern.

Dieter Allers **Mann sehnt sich nach Mann**
Schwarze und weiße amerikanische Queer Autoren
120 Seiten, s/w Abbildungen
ISBN 978-3-98758-134-2 Auch als Ebook

Nach „Männer-Freunde-Liebespaare” versammelt der Autor hier 15 Porträts bekannter und unbekannter, schwarzer und weißer amerikanischer Queer Autoren. Der Leser erfährt interessantes, manchmal intimes, über:

Walt Whitman, Edward Albee, Langston Hughes, James Baldwin, Truman Capote, Tennessee Williams, Gordon Merrick und andere.

www.himmelsturmer.de

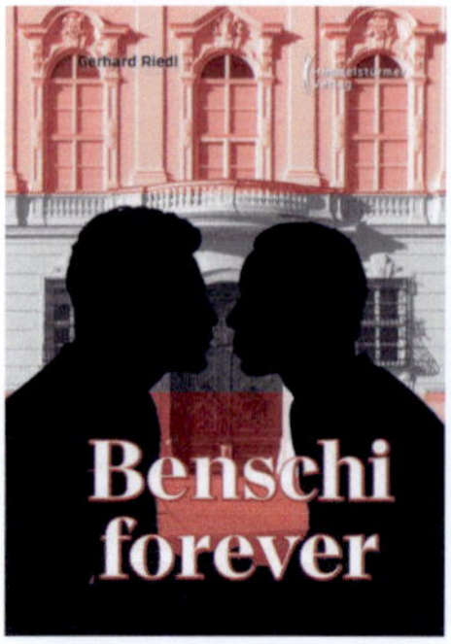

Gerhard Riedl
Benschi forever

Christian Kurz
Wortwölfe

Peter Förster
Herz an Fjord

Marc Wallo Schneider
Bruderhitze

Yavanna Franck
Barkarole 1:
Die Grenzen der Freiheit

Yavanna Franck
Die Zeit des Kondors

Oliver Witt
Ein trügerischer Sommer im Norden

Udo Rauchfleisch
Tod in der Fremde

Peter Nathschläger
Cyborg me

Peter Nathschläger
Du warst der Plan

Anita Rehm
Rosa Wasser

Ben Ebenho
Der Junge im Nebel

Himmelstürmer Verlag
Nordertorstriftweg 24a 31582 Nienburg Tel (050 21) 8 03 23 83 E-Mail info@himmelstuermer.de